网店装修交互设计

主编　钟明霞

北京理工大学出版社
BEIJING INSTITUTE OF TECHNOLOGY PRESS

图书在版编目（ＣＩＰ）数据

网店装修交互设计 / 钟明霞主编 . -- 北京：北京
理工大学出版社，2023.11
ISBN 978-7-5763-3136-3

I. ①网… II. ①钟… III. ①网店-设计 IV.
①F713.361.2

中国国家版本馆 CIP 数据核字（2023）第 227636 号

责任编辑：申玉琴　　**文案编辑：**申玉琴
责任校对：王雅静　　**责任印制：**施胜娟

出版发行 / 北京理工大学出版社有限责任公司
社　　址 / 北京市丰台区四合庄路 6 号
邮　　编 / 100070
电　　话 /（010）68914026（教材售后服务热线）
　　　　　　（010）68944437（课件资源服务热线）
网　　址 / http://www.bitpress.com.cn

版 印 次 / 2023 年 11 月第 1 版第 1 次印刷
印　　刷 / 唐山富达印务有限公司
开　　本 / 787 mm×1092 mm　1/16
印　　张 / 17.5
字　　数 / 330 千字
定　　价 / 95.00 元

党的二十大明确指出："加快发展数字经济，促进数字经济和实体经济深度融合，打造具有国际竞争力的数字产业集群。"电商经济已成为连接企业生产端和居民消费端、畅通国内国际双循环的重要力量。随着新零售时代的到来，电商行业的竞争越发激烈。为了在网购市场中争得一席之地，简单枯燥的店铺页面远远不足以打动消费者，由此对网店装修提出了更高的要求。而好的网店美工不仅可以为消费者带来舒适的视觉感受，更能将良好的营销思维应用到产品中，通过独特的利益诉求点来打动消费者，促使他们进行交易。

本书是浙江商业职业技术学院国家"双高计划"电子商务专业群所在专业的专业核心课程配套教材，由浙江商业职业技术学院钟明霞主持编写，本书以企业电子商务工作流程为基础，以企业实际工作内容为题材，采用理论与实际相结合的方式，根据网店视觉营销的基本原理，展现了网店视觉交互设计的操作流程，把网店营销方式、网店图像制作技术、网店视觉交互技能与网店视觉美观有机地结合起来，集营销、技术与美学于一体。本书主要以 Photoshop、Dreamweaver 等常用图形图像软件和代码编辑软件为平台，结合大量典型而精美的实例，全面而系统地讲解了网店页面设计的必备知识与技能，在应用中巩固所学。内容安排由浅入深、循序渐进，相关技能与时俱进、简单易懂。本教材编写过程中得到了中教畅享（北京）科技有限公司企业的支持，在这里一并表示感谢。由于电子商务领域的发展变化较快，书中难免有疏漏或不当之处，敬请读者批评指正。

本书精心安排了 7 个单元内容。

单元 1　认识淘宝后台管理界面。本单元主要介绍装修淘宝店铺的必备知识点以及装修需要的工具。

单元 2　简易的网店页面装修。本单元主要介绍淘宝最基础的几个页面，让读者学会操作这些工作中最常用的页面并通过淘宝自带模块进行装修。

单元 3　使用生成工具装修店铺。本单元主要介绍网站代码生成工具的使用方法，以实现个性化店铺装修。

单元 4　高级网店页面装修。本单元主要介绍 HTML 代码和 CSS 样式的基础知识，同时结合首页模块设计案例，让读者能通过代码装修更高级的网店页面。

单元 5 使用代码装修自定义店铺。本单元主要介绍使用单元 4 所学的代码知识，结合淘宝模块的特性，装修个性的自定义店铺。

单元 6 淘宝 J_Twidget 规范。本单元主要介绍通过淘宝开发平台提供的 JS 特效以及 SNS 组件，制作淘宝店铺中的动态效果。

单元 7 无线端店铺装修。本单元主要从无线端消费者的浏览习惯出发，讲解了无线端页面的视觉设计要点、组成元素、装修方式等。

编写特色

◎ 理论与实践的紧密结合

本书采用理论与实践相结合的编写方式，先分析知识和技法要点，再结合实例直观地讲解知识和技法的具体应用，让读者在实践中加深理解。

◎ 典型而实用的设计实例

本书的实例选材广泛，涵盖了女装、家居、食品、美妆等当前热门的商品类目，风格时尚而多样，设计效果精美，具有极强的典型性和实用性，读者可以在实际工作中直接套用。

◎ 坚持立德树人，把思政元素融入教材

党的二十大报告提出："全面贯彻党的教育方针，落实立德树人根本任务，培养德智体美劳全面发展的社会主义建设者和接班人。"本书坚持正确的政治方向、舆论导向和价值取向，落实立德树人根本任务。通过知识目标、技能目标、素质目标三维学习目标的构建，"思政园地"等课程思政类栏目的设立，寓价值观引导于知识传授和能力培养之中，帮助学生塑造正确的世界观、人生观、价值观。

读者对象

本书适合想自己装修网店的读者阅读，对有一定网店装修经验的读者也具有参考价值，还可作为中高职院校电子商务相关专业或社会培训机构的教材。

本书在编写过程中力求精益求精，但书中难免存在不足，恳请广大读者不吝批评指正。

目 录

【项目介绍】

　　近年来，随着互联网与电子商务技术的快速发展，低成本的网上开店成为很多人的创业选择，如何让自己的店铺在购物平台上脱颖而出，是电商人共同讨论的话题。

　　比如，在淘宝上新开了一家店，如果不装修就相当于生活中的毛坯房，不管是居住或交易都没有任何优势，所以网店和实体店一样需要装修。店铺装修非常重要，好的店铺装修可以提升店铺形象，给买家提供舒适的视觉感受，增加买家的停留时间，提高咨询量和转化率。本单元以淘宝平台为例，指导大家熟悉淘宝平台的后台管理界面，为后续的项目任务打基础。

【学习目标】

知识目标

- 了解淘宝店铺开设的知识点，淘宝后台装修常用的界面及尺寸要求。

技能目标

- 能够用自己的淘宝号申请开店，修改二级域名。
- 能够使用网页客户端登录淘宝后台，利用千牛软件进行网店装修。
- 能够区分淘宝和天猫店铺每个版本的功能及差别。
- 熟悉淘宝主要装修模块，编辑发布产品，并对店铺进行管理。
- 能够进行网店图片的上传及空间的整理。

素质目标

- 培养学生独立、自尊的人格和高尚的审美情操。
- 树立知识产权意识。

【思维导图】

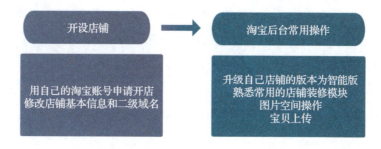

任务 1.1　 开设店铺

任务描述

选择开店平台、了解平台开店流程及规则是开设网店的第一步。不同类型的平台有着不同的开店流程。卖家应当首先确认自己是否满足开店的基本条件，在确认满足条件后根据流程完成店铺申请；开通店铺后，完善自己店铺的基本信息，进行必要宣传。

本任务的主要工作内容有：

（1）根据淘宝店铺申请流程完成个人店铺申请。

（2）查看淘宝店铺的基本信息，完成淘宝店铺基本信息的修改，设置淘宝店铺的二级域名。

任务分析

在淘宝网开店的整体流程简单概括为：注册淘宝店铺→解决货源→为商品拍照→发布上架商品→装修店铺→推广销售→发货→售后。

拥有一个属于自己的淘宝店铺是基本条件。目前办理个人店铺仅需 1~3 个工作日。申请淘宝店铺完全免费；一张身份证只能开设一家个人店铺。

知识储备

1.1.1　 用自己的淘宝账号申请开店

1. 认识淘宝店铺

淘宝网是中国大型的网购零售平台之一，由阿里巴巴集团于 2003 年创立。随着网络规模的扩大和用户数量的增加，淘宝由单一的 C2C 网络集市变成了集合 C2C、团购、分销、拍卖等多种电子商务模式在内的综合性零售商圈，成为网络实体店铺和各类零售供货商的汇集地。淘宝 LOGO 如图 1–1 所示。

淘宝店铺指所有淘宝卖家在淘宝所使用的旺铺或店铺，是淘宝网所经营的互联网虚拟商店的总称，其具有操作简单、功能全面、流量巨大、产品丰富等优势。

淘宝店铺名义上可以分为天猫商城店铺、企业店铺和个人店铺，不同类型的店铺对卖家的要求不同，适合的人群具有较大差异。

2. 淘宝店铺申请流程

淘宝店铺的申请流程主要为准备材料—申请开店—完成认证—店铺上线四步。

开设淘宝店铺

在申请淘宝店铺前，需要准备好所需的资料。一般来说，需要的资料包括：淘宝账号或支付宝账号、个人身份证、企业相关信息或证明、银行卡等。

当准备好资料后，打开淘宝首页，如图1-2所示，或直接在搜索框中输入"www.taobao.com"，登录淘宝账号，在淘宝页面导航栏右侧单击"免费开店"按钮，进入页面。

图1-1　淘宝LOGO

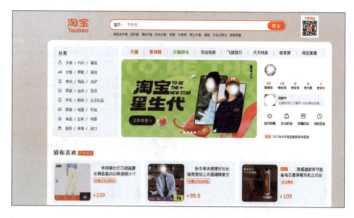

图1-2　淘宝首页

选择好对应的店铺类型，单击"去开店"按钮，如图1-3所示。

图1-3　店铺类型

输入店铺名称、手机号及验证码，阅读淘宝店铺的申请协议并勾选，单击"0元开店"按钮，如图1-4所示。

按照淘宝店铺申请流程完成信息的填写，如果淘宝账号未实名认证，则需提交身份证信息，完成个人认证，如图1-5、图1-6所示。

个人店铺申请完成后，还需要完成开店认证，包括支付宝认证、完善认证信息等。如果申请企业店铺中，则需要输入企业的具体信息，完成企业认证。

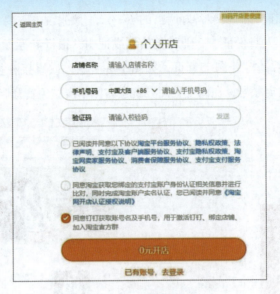

图 1-4　申请页面

图 1-5　个人认证

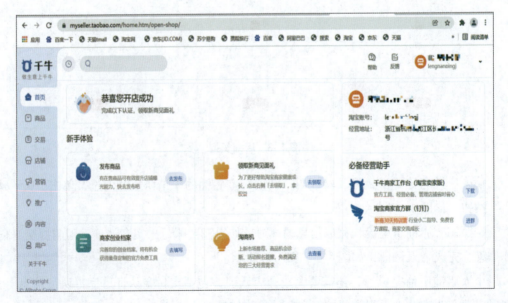

图 1-6　申请成功

3. 淘宝店铺入驻条件

由于商家身份及店铺主体不同，所以申请淘宝店铺时所需的资质材料也有较大差别。商家身份可以分为普通商家、达人商家、品牌商家、大学生商家四类；店铺主体可以分为个人、个人工商户与企业三类，如图 1-7 所示。

图 1-7　店铺入驻类型

例如对于大学生商家，需要与店铺主体信息一致的已实名认证的支付宝账号、有效期范围内证件的完整照片、经营者身份证件等；普通商家企业店铺需要提供合格的营业执照、与店铺主体信息一致的已实名认证的支付宝账号、经营者身份证等，如图 1-8、图 1-9 所示。

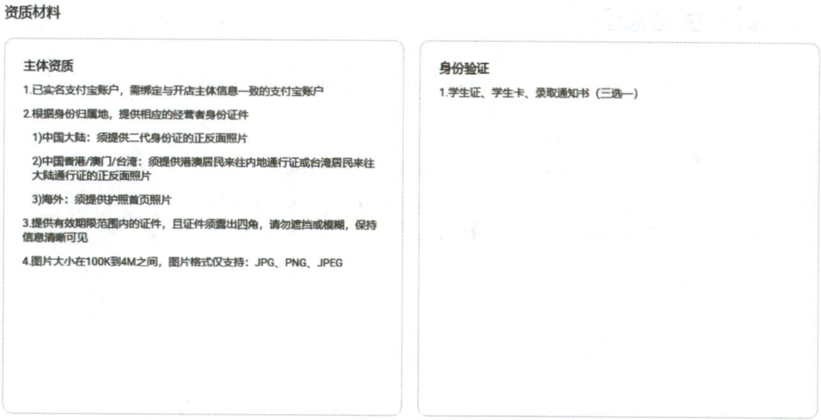

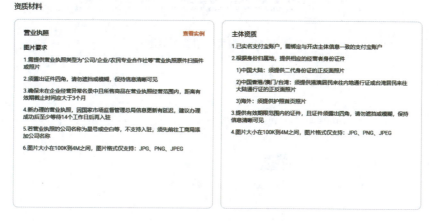

图 1-8　大学生商家个人店铺资质材料

图 1-9　普通商家企业店铺资质材料

因为入驻条件不同，所以在申请店铺时需要仔细阅读，避免出现差错。

店铺详细
信息介绍

1.1.2 修改店铺基本信息和二级域名

1. 认识店铺基本信息

店铺基本信息可以理解为店铺的"个人介绍"，通过完善信息可以将店铺的基本概况展现出来，方便消费者了解，提高其对店铺的信任感。

店铺的基本信息分为淘宝店铺与手机淘宝店铺两部分。淘宝店铺的基本信息包含店铺名称、店铺标志、店铺简介、经营地址、主要货源以及店铺介绍等，手机淘宝店铺则是客服电话的设置，如图1-10、图1-11所示。

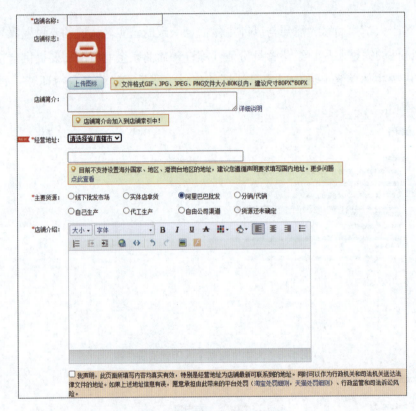

图1-10 淘宝店铺基本信息

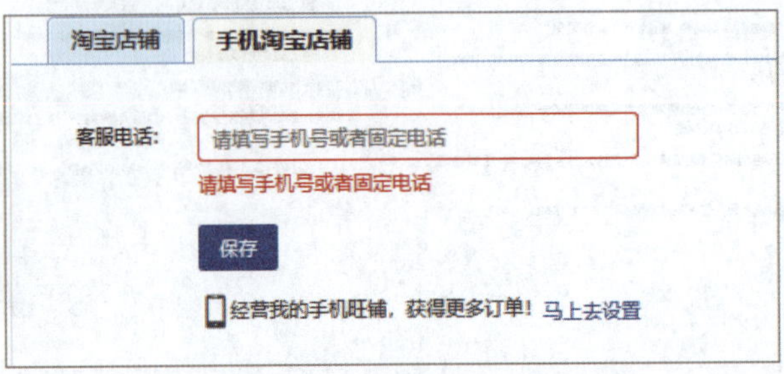

图1-11 手机淘宝店铺基本信息

2. 了解店铺二级域名

域名可以理解为网页在网络上的名字与地址，通过这个地址，可以找到该网页。每个淘宝店铺都有自己的淘宝店铺域名，而且每个淘宝店铺域名都是不一样的。淘宝店铺域名又被称为是淘宝的二级域名，当访问拥有二级域名的店铺时，其默认地址栏中就会显示设置的域名，如图 1-12 所示。

如何申请、查看、设置网店二级域名

图 1-12　华为官方旗舰店的二级域名

在申请店铺的二级域名时，应遵从淘宝网的规则。店铺的二级域名长度需在 4~32 个字符之间，且只能含有字母和数字，同时域名的开始与结束只能是字母和数字。当域名已被使用或涉及部分相关网络安全词汇、相关非商品性品牌、著名城市地区名、相关驰名商标，以及受商标法约束的部分普通商标时，申请就不会成功。

3. 修改店铺基本信息与二级域名

店铺的基本信息与二级域名并不是一成不变的，可以通过淘宝店铺后台进行修改。

店铺基本信息设置

（1）店铺基本信息修改。

登录店铺后台，单击"店铺管理"→"店铺基本设置"选项，就可以进入店铺基本信息页面，如图 1-13 所示。

图 1-13　店铺基本设置

进入页面后，就可以按照顺序进行填写，单击"保存"按钮即可。需要注意，由于淘宝店铺版本的变化，淘宝店铺基本信息所包含的内容可以发生变化，所以应时刻了解店铺基本信息的信息类型，如图 1-14 所示。

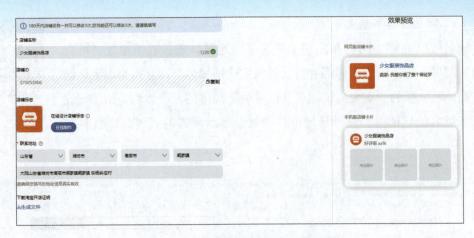

图 1-14　淘宝店铺基本信息设置页面

（2）二级域名修改。

登录店铺后台，单击"店铺管理"→"域名设置"选项，就可以进入二级域名设置页面，如图 1-15 所示。

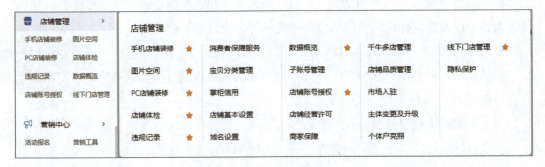

图 1-15　域名设置

在"店铺域名"处输入店铺域名，系统会自动检查是否符合淘宝网规定，或是否被注册过，当输入的店铺域名满足申请条件时，勾选"我已阅读并同意"，单击"保存"按钮即可，如图 1-16 所示。

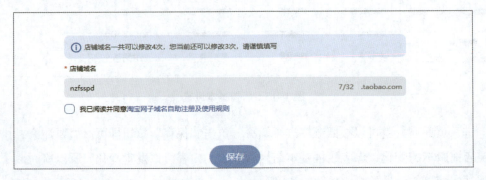

图 1-16　二级域名修改

需要注意的是，根据淘宝网的规则，淘宝网店铺名称可以自行更改，但店铺名称180天内仅能修改3次。店铺初始域名不可自行修改，卖家只能通过订购店铺相关工具申请使用或修改二级域名。

任务实施

请根据任务描述中的工作内容，将任务实施过程中的关键讨论点及执行点进行记录（表1-1、表1-2）。

表 1-1　任务讨论记录

任务讨论	讨论记录

表 1-2　任务执行记录

任务执行	执行记录

任务评价（表1-3）

表 1-3　开设店铺任务评价

评价任务	评价标准	评价结果	
		完成	未完成
开设店铺	能够完成个人店铺申请		
	能够完成店铺基本信息修改		
	能够完成淘宝店铺的二级域名设置		

任务1.2　淘宝后台常用操作

任务描述

在建立好店铺以后，为了吸引更多的买家前来浏览店铺的宝贝信息，装修店铺就显得特别重要。淘宝后台提供的一些常用操作可以帮助卖家快捷方便地完成各个模块的装修及宝贝的上传。

本任务的主要工作内容有：

（1）查看店铺的旺铺版本，了解具体的淘宝旺铺版本功能和使用规则，将自己的旺铺版本升级为智能版。

（2）查看店铺装修的常用模块，对店铺装修模块进行添加和设置。

（3）熟悉淘宝店铺的图片空间，完成图片、视频和文件夹的上传，为图片添加店铺专属的水印，并完成图片空间内文件的整理，使其整齐、简洁。

（4）根据商品详情，完成商品标题的编辑，上传商品图片，正确选择商品类目，填写商品的各项信息，完成宝贝的上传。

任务分析

店铺装修必须厘清三个概念：旺铺版本（基础版、专业版、智能版）、装修模板（每一种旺铺版本后台都有内置的永久免费的装修模板，只是数量不同）、模块（构成模块的元素）。关于装修模板，其实只是提供了一个框架，仍需卖家自己制作图片替换、修改模板中的文字信息。

先发布宝贝，后装修店铺。因为成功发布的宝贝才能生成链接地址，只有上架状态的宝贝才会在店铺中显示。

知识储备

1.2.1　升级自己店铺的版本为智能版

1. 了解淘宝旺铺

通常来说，淘宝店铺指的就是淘宝旺铺。淘宝旺铺是淘宝网开辟的一项增值服务和功能，是一种更加个性豪华的店铺界面，是帮助卖家更好地经营店铺提高人气的一种手段。通过淘宝旺铺可以使客户获得更好的购物体验，提高店铺的转化率，如图1-17所示。

图1-17　淘宝旺铺

2. 淘宝旺铺的版本

在日常生活中，我们经常会将淘宝与天猫看成一个电商平台，其实，在本质上来说，它们属于两个不同的平台，与之对应的旺铺也分成了淘宝旺铺和天猫旺铺。淘宝旺铺可以分为 PC 端旺铺和手机端旺铺，PC 端旺铺包括基础版、专业版和智能版，手机端旺铺包括基础版和智能版，如图 1-18 所示。

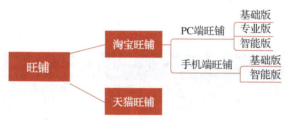

淘宝旺铺版本的差别

图 1-18　旺铺类型

不同版本的淘宝旺铺存在较大的差异。在费用方面，商家可以永久免费试用基础版淘宝旺铺，使用专业版则需要每月花费 50 元，而智能版淘宝旺铺会根据店铺信用等级进行收费，店铺信用等级 1 钻以下免费使用，店铺信用 1 钻以上则每月需交费 99 元。

由于受疫情影响，淘宝卖家的收益开始不同程度地减少，淘宝官方为了降低卖家的日常运营成本，提供更好的营商环境，从 2020 年 2 月 12 日起，淘宝旺铺智能版由收费订购变成免费订购，所有淘宝卖家、天猫卖家都可以直接享受"0 元订购"，具体免费期限需要等候淘宝官方的通知，如图 1-19、图 1-20 所示。

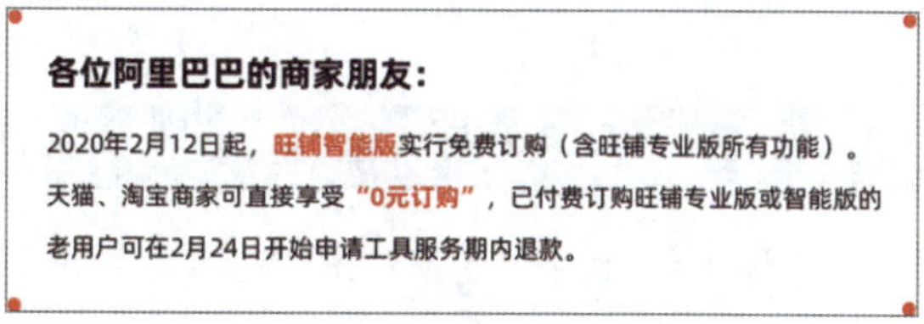

各位阿里巴巴的商家朋友：

2020年2月12日起，**旺铺智能版**实行免费订购（含旺铺专业版所有功能）。天猫、淘宝商家可直接享受**"0 元订购"**，已付费订购旺铺专业版或智能版的老用户可在2月24日开始申请工具服务期内退款。

图 1-19　淘宝旺铺"0 元订购"通知

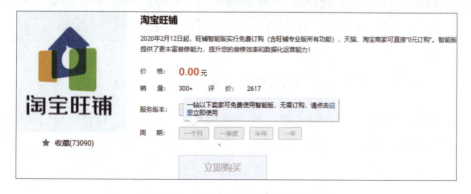

图 1-20　淘宝旺铺"0 元订购"页面

除了在费用上的不同，在店铺装修、功能／模块上，不同版本的淘宝旺铺也存在较大的差异。

在店铺装修方面，专业版在基础版的基础上，增加了设置页头背景、设置页面背景、页尾自定义装修、通栏布局结构等功能。基础版与专业版可使用模板数量也有较大差距。例如基础版详情页，宝贝描述模板数仅能使用 3 个，而专业版可以使用 25 个，如图 1-21 所示。

店铺装修

设置页头背景	设置页面背景	页尾自定义装修	页面布局管理	布局结构（首页）	列表页面模板数（新）	详情页宝贝描述模板数	可添加自定义页面数	免费提供系统模板数
√	√	√	√	通栏/两栏/三栏	15	25	50	3
			√	两栏	0	3	6	1

系统模板配色套数	系统自动备份装修（个数）	手动备份装修（个数）	首页可添加模块数	列表页可添加模板数	详情页可添加模板数	自定义页可添加模块数
24	10	15	40	15	15	40
5	10	15	40	15	15	40

图 1-21　专业版与基础版在店铺装修方面的区别

在功能／模块方面，基础版与专业版的淘宝旺铺差距并不明显，不同之处仅在二级域名以及店铺公告处。例如，二级域名仅支持专业版付费用户使用，店铺公告仅支持专业版用户使用，如图 1-22 所示。

功能/模块

店招导航（新）	图片轮播	宝贝推荐（新）	宝贝分类管理（新）	宝贝列表	宝贝排行榜	搜索店内宝贝	关联推荐（新）	自定义内容区
√	√	√	√	√	√	√	√	√
√	√	√	√	√	√	√	√	√

友情链接（新）	店铺动态（新）	悬浮旺旺（新）	宝贝图片尺寸展示（新）	客服中心	二级域名	店铺公告	手机版店铺
√	√	√	310/250/240/230/180/130px	√	√（付费用户）	√	√
√	√	√	310/250/240/230/180/130px	√	X	√	√

图 1-22　专业版与基础版在功能／模块方面的区别

在最新功能方面，相较于基础版，专业版增加了装修分析、模块管理、支持 JS 模板、支持旺铺 CSS 等功能，如图 1-23 所示。

最新功能						
营销中心	装修分析	模块管理	支持JS模板	支持旺铺CSS		价格
√	√	√	√	√		1钻以下免费 一钻以上50/月
√	✕	✕	✕	✕		永久免费

图 1-23　专业版与基础版在最新功能方面的区别

旺铺智能版在专业版的基础上，增加了 16 项新功能。例如，一键智能装修、美颜切图、1920 宽屏装修、倒计时模块、新客热销、标签图模块、页面优化对比等功能，如图 1-24 所示。需要注意，在众多新功能中，智能海报、千人前面—个性化首页、智能卖家推荐、智能加购凑单功能属于限时免费开放。

旺铺智能版
新功能

图 1-24　淘宝旺铺智能版新功能

3. 淘宝旺铺升级

升级淘宝旺铺需要登录千牛工作台，在左侧选择"店铺装修"选项，单击"首页"→"装修页面"选项，查看左上角淘宝旺铺版本，选择免费升级到智能版。进入服务市场界面，选择智能版购买周期。由于淘宝官方实行"0元订购"政策，所以大部分店铺都已升级为智能版，如图1-25~图1-28所示。

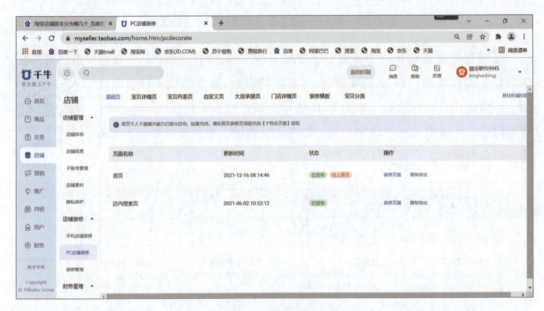

图1-25 店铺装修

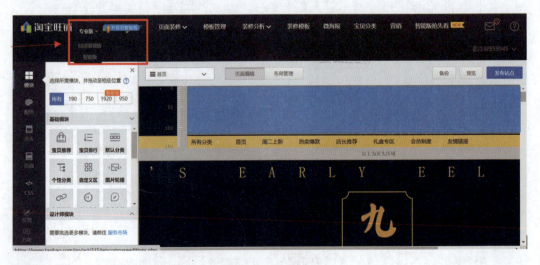

图1-26 店铺装修界面

图 1-27　淘宝旺铺版本订购

图 1-28　PC 端首页装修界面

1.2.2　熟悉常用的店铺装修模块

1. 熟悉网店装修模块

想要熟悉常见的网店装修模块，可以从店铺后台查看。首先，登录千牛工作台，在其导航栏中找到"店铺管理"中的"店铺装修"选项，单击进入"店铺装修"页面，就可以选择手机店铺装修和 PC 店铺装修，如图 1-29 所示。

店铺的页面
组成

熟悉常用的
店铺装修
模块

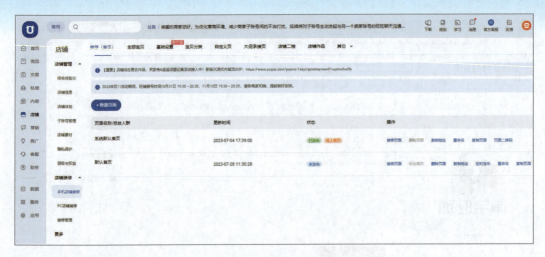

图 1-29　网店装修页面

（1）手机店铺装修。

选择"手机店铺装修"选项，单击"装修页面"选项，就可以进入"页面装修"页面，如图 1-30 所示。

图 1-30　手机店铺首页装修界面

页面左侧是手机端店铺的装修模块，其分为容器与模块两部分。容器中分为官方模块与已购小程序模块。官方模块包括图文类、视频类、营销互动类、LiveCard、宝贝类五类，每类包含的模块不同。例如，图文类中就拥有轮播图海报、单图海报、猜你喜欢、店铺热搜、多热区切图、官方消费者防诈模块等，而营销互动类则是由店铺优惠券、裂变优惠券、购物金、芭芭农场等组成，如图 1-31~图 1-33 所示。

图 1-31　官方模块

图 1-32　图文类网店装修模块

　　已购小程序模块分为推荐导购、权益营销、虚拟体验、单品表达、LiveCard、隐藏模块六部分，如图 1-34 所示。

图 1-33　营销互动类网店装修模块

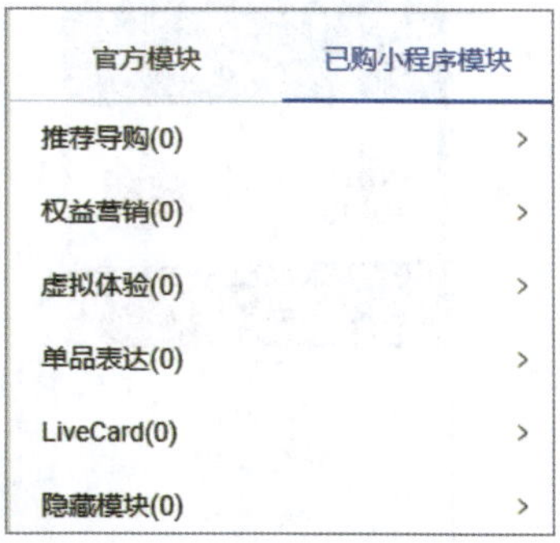

官方模块	已购小程序模块
推荐导购(0)	>
权益营销(0)	>
虚拟体验(0)	>
单品表达(0)	>
LiveCard(0)	>
隐藏模块(0)	>

图 1-34　已购小程序模块

　　模块部分主要是根据不同的行业进行的分类，具体分为店铺模块应用 TOP 榜、食品生鲜行业、服饰行业模板、美妆个护行业、运动户外行业模板、母婴玩具行业、家电数码行业和家装百货行业。每类模块中又包含许多小的功能模块。例如食品生鲜行业中就有 N 元任选、视频魔方轮播、新品互动营销、扭蛋抽奖、趣味组合购、福袋盲盒购等，如图 1-35、图 1-36 所示。

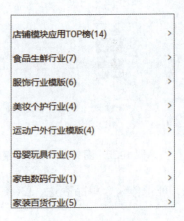

图 1-35　模块部分

图 1-36　食品生鲜行业模块

　　当需要装修店铺时,可以通过拖动装修模块到所需位置,右键单击该模块,然后就可以对内容进行设置,如图 1-37 所示。由于不同的模块展示的内容不同,所以需要填写的内容也有较大变化。

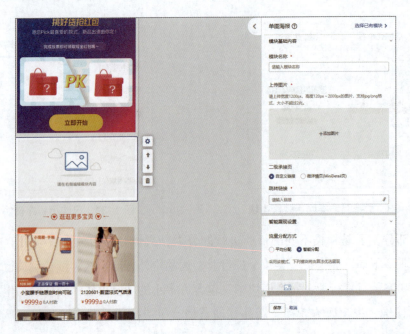

图 1-37　模块编辑

（2）PC店铺装修。

选择"PC店铺装修"选项，单击"装修页面"选项，就可以进入"页面装修"页面。在其左侧分为模块、配色、页头、页面和CSS五部分，其中模块部分就是PC店铺装修的模块，其中包括宝贝推荐、宝贝排行、默认分类、个性分类，图片轮播、客服中心、生意参谋、购物券等，可以根据不同的尺寸进行划分，如图1-38所示。

图1-38　PC店铺装修界面

当需要使用某个模块时，就可以拖到页面上，然后单击模块右侧上方的"编辑"按钮，进行内容的编辑，如图1-39、图1-40所示。

图1-39　宝贝推荐模块

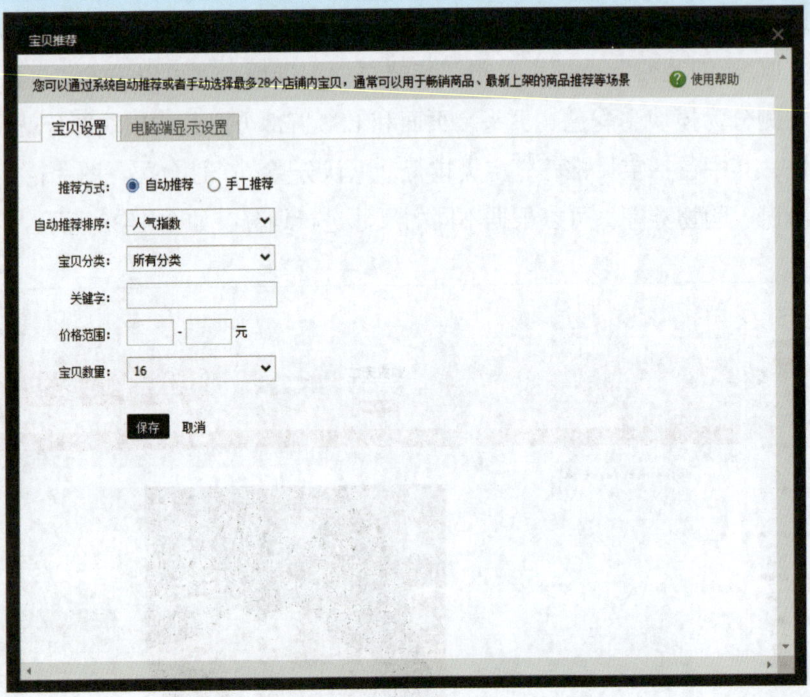

图 1-40　模块编辑

2. 网店装修模块的尺寸要求

（1）PC 端店铺装修模块尺寸。

在 PC 端的装修模块中，主要包括店招、店标、导航栏、页头背景图、主图、宝贝推荐、宝贝排行、轮播图、自定义区、客服中心等。

部分模块的装修尺寸要求较为严格。例如，店招的尺寸为（宽）950 px ×（高）120 px；导航条的尺寸为（宽）950 px ×（高）30 px；主图的尺寸为（宽）800 px ×（高）800 px。而有些模块并没有严格的尺寸要求。例如，全屏海报的尺寸要求为：宽 1 920 px，高度不限制，高宽根据项目需求来确定。详情页的尺寸要求为：宽 790 px，高度不限制。

（2）无线端店铺装修模块尺寸。

对于无线端店铺的装修模块来说，对图片长度与宽度的要求不同，为了更好地展示页面的效果，其宽度大多为 750 px，这样的尺寸整合符合移动设备的屏幕尺寸，使其浏览的效果更佳。同时，由于不同店铺、品牌、商品、活动的差异，其长度也会差距较大，所以并没有对装修模块的高度做出限制。

1.2.3　图片空间操作

1. 认识图片空间

图片空间是用来储存淘宝商品图片的网络空间，简单来说，就是用于存储、管理图片的地方。图片空间属于淘宝官方的产品，相比于第三方网络空间，淘宝店铺的图片空间更加稳定，且具有稳定、安全、管理方便、批量操作、价格便宜等优点。随着网络技术的发展，图片空间已经不再仅限于图片的管理，还提供了放大镜、多图多色、宝贝图片直接插入、图片多尺寸选择等诸多功能，帮助卖家更好地利用图片。

图片空间的
优势

2. 图片空间的功能

图片空间的功能繁多，其传统功能包括上传功能、存储功能、使用功能等，同时为了提高使用销量，还增加了字体检测、水印设置等功能。

（1）上传功能。

对于图片空间来说，上传功能是其主要功能，可以分为图片上传、视频上传、动图上传及文件夹上传。通过上传功能，可以将店铺、活动、商品的图片内置到网店中，方便后期的使用。

（2）存储功能。

各类文件上传至图片空间后，需要进行存储。如果无法存储，就不能进行网店装修或宝贝上传，也就无法真正发挥图片空间的功能。

（3）使用功能。

图片空间的使用功能就是通过复制图片、复制代码或复制链接的方式，将图片、视频、动图等内容运用到网店装修、商品详情页中。

（4）字体检测。

文字作为主要的信息传递载体，在网店装修过程中应用十分广泛。网店的图片、视频中不可能没有文字的存在，如果使用了侵权字体，就可能会造成字体侵权，增加店铺的潜在索赔风险，甚至会导致商品下架或关店，严重影响店铺经营。

（5）水印设置。

为了避免图片被其他商家盗用，图片空间推出了水印设置功能，通过添加文字或图片水印，让图片仅适用于当前店铺，有效减少图片被盗用的概率。

3. 图片空间使用规范

（1）图片规范。

单张图片大小要求不超过 3 MB，超过的图片不能上传。同时，上传图片空间支持 JPG、JPEG、GIF、PNG 四种格式。由于图片空间暂不支持 CMYK 模式的图片存储，需要通过 Photoshop 将图片模式改为非 CMYK 模式后保存图片再进行上传。

（2）视频规范。

上传至图片空间的视频大小需在 300 MB 以内，建议长度为 30 s~1 min，不能超过 3 min。其主图视频的画幅为 16∶9、3∶4、1∶1。仅支持 WMV、AVI、MPG、MPEG、

3GP、MOV、MP4、FLV、F4V、M2T、MTS、RMVB、VOB、MKV 格式文件上传。

（3）文件夹规范。

首先，文件夹的名称长度不能超过 20 个字。其次，文件夹的数量要求少于 3 000 个。最后，文件夹的分类不超过 20 个。同时，图片空间文件夹排序不可自定义，系统根据文件夹首位（数字—字母—中文）进行排序。

4. 图片空间任务操作

图片空间的操作主要分为上传图片、为图片添加水印、上传视频。

（1）上传图片。

登录千牛工作台，单击"图片空间"选项，进入到"图片空间"页面，如图 1-41 所示。

图片空间

图 1-41　图片空间

单击右侧顶部的"上传"按钮，打开上传界面。选择好上传的位置，可以选择新建文件夹、添加水印、图片宽度调整等操作。完成后将所需上传的图片拖到上传位置，就可以完成图片的上传，如图 1-42 所示。

（2）添加或设置水印。

在上传图片的过程中，如果需要添加水印，勾选上传界面右侧的"添加水印"选项即可，如果没有水印，需要设置水印。

水印分为文字水印和图片水印。文字水印需要对水印的文字、字体、字号、字体样式、颜色、透明度与水印基准点进行设置。图片水印需要提前设计制作水印图片，然后进行上传，并对透明度与水印基准点进行设置。完成设置后可手动拖拽图上水印即可调整其相对位置，实际位置可能因应用图片尺寸不同略有差异，如图 1-43、图 1-44 所示。

图 1-42　图片上传界面

图 1-43　文字水印

（3）上传视频。

在"图片空间"左侧单击"视频"选项，就可以进入专属视频的"图片空间"。单击顶部右侧的"上传"按钮，就可以打开视频上传界面，如图 1-45 所示。

在"上传到"选项框选择"无线视频库"或"PC 电脑端视频库"，将视频文件拖至该界面，单击"上传"按钮，如图 1-46 所示。

图 1-44　图片水印

图 1-45　视频空间

图 1-46　视频上传界面

1.2.4　宝贝上传

商品发布的
具体内容　　宝贝上传

1. 认识商品发布

商品发布是运营人员在淘宝店铺后台按照平台商品发布规则和流程，通过文字、图片和视频的形式将商品发布到自己的店铺中。

对于商品发布而言，其核心内容包括商品标题撰写、商品属性填写、商品详情页的设计。

2. 商品上传流程

想要在淘宝平台上传商品，需要登录淘宝后台，找到商品模块中的"发布宝贝"选项，单击后，就会进入到商品上传页面，如图 1-47 所示。

进入商品上传页面后，分为上传商品主图和确认商品类目两个部分。上传商品主图分为商品主图、条形码的上传以及商品类型的勾选，如图 1-48 所示。高清的主图可以帮助系统快速智能识别与填写商品信息，有利于吸引买家关注。商品类型的确认可以方便后期的经营。

图 1-47　商品管理

图 1-48　上传商品主图

确认商品类目主要是明确商品类别，方便消费者查找以及引导有需求的消费者关注。目前，淘宝的商品类目大类分为游戏花费、服装鞋包、手机数码、家用电器、美妆饰品、母婴用品、家居建材、百货食品、运动户外、文化玩乐、生活服务、其他商品几大类，不同的大类下又分出了各种小类。可以根据商品的大致分类去寻找类目，也可以直接输入商品名称或类目进行搜索。完成类目选择后，单击"确认类目"选项，就会进入到商品信息填写页面，如图 1-49、图 1-50 所示。

如果类目选择错误，还可以在商品信息填写页面上方切换类目，如图 1-51 所示。

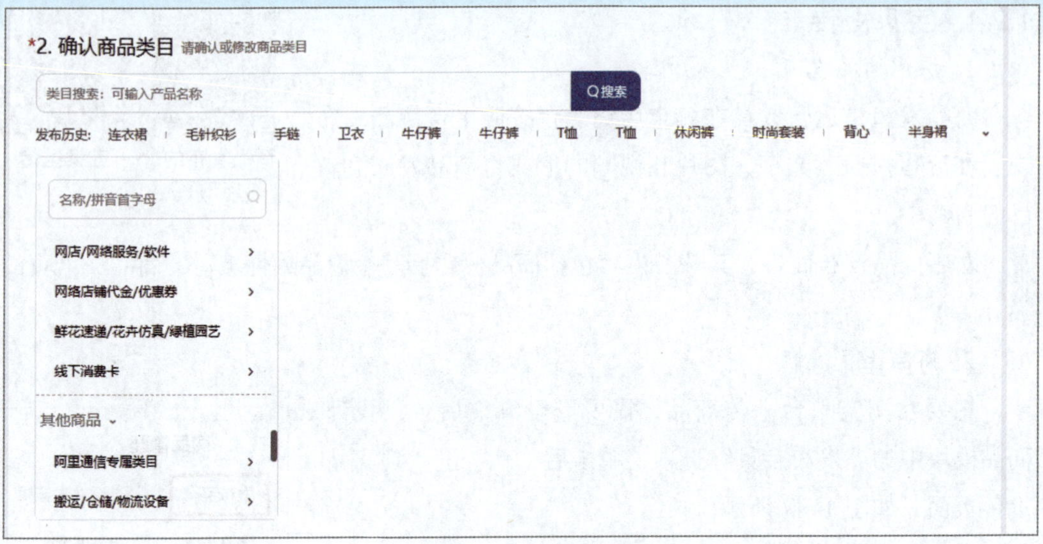

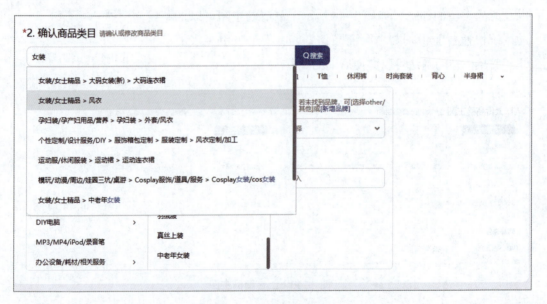

图 1-49　确认商品类目

图 1-50　商品类目搜索

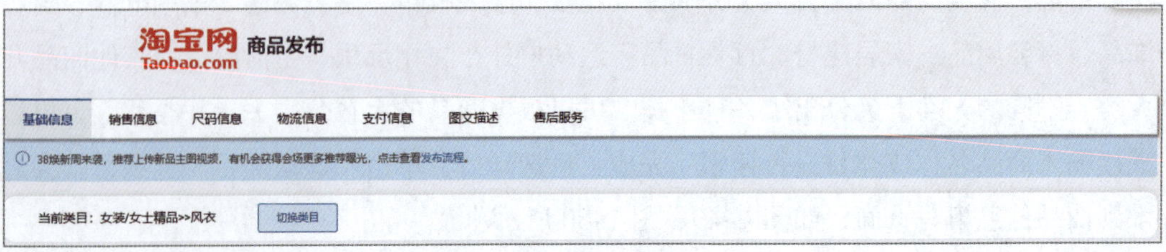

图 1-51　商品类目修改

　　由于商品类目不同，商品信息也有许多差别。以女装商品详情页为例，其商品信息可以分为基础信息、销售信息、尺码信息、物流信息、支付信息、图文描述和售后服务几部分，如图 1-52 所示，其中基础信息、销售信息、物流信息、支付信息、图文描述和售后服务是每类商品都有的模块。

　　基础信息是关于商品最基础属性的内容，包括宝贝类型、宝贝标题、导购标题等，如图 1-53 所示。宝贝类型分为全新与二手。宝贝标题就是为宝贝编辑商品标题，系统会根据商品类目推荐相应的常见关键词。导购标题主要用于搜索、推荐、详情、购物车等场景的展现。

图 1-52　商品信息组成

图 1-53　基础信息

　　类目属性分为重要属性与其他属性两部分，如图 1-54~图 1-56 所示，不同的商品需要填写的属性内容不同。其重要属性分为年份季节、品牌、货号、服装版型、厚薄、风格、衣长、袖长、材质成分、领子、袖型、图案等。其他属性是对其他参数的补充说明。

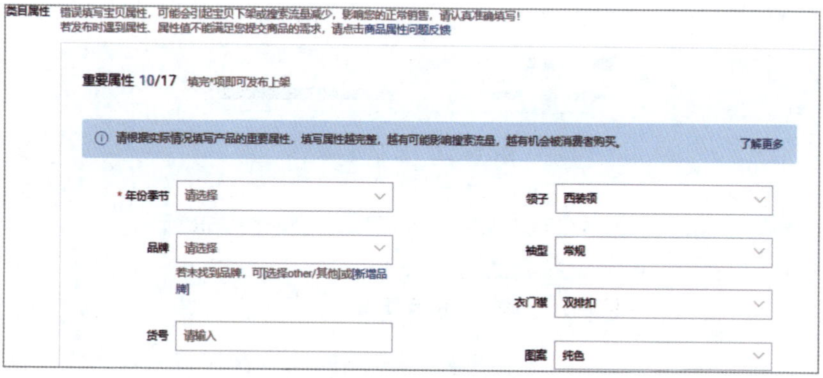

图 1-54　重要属性（一）

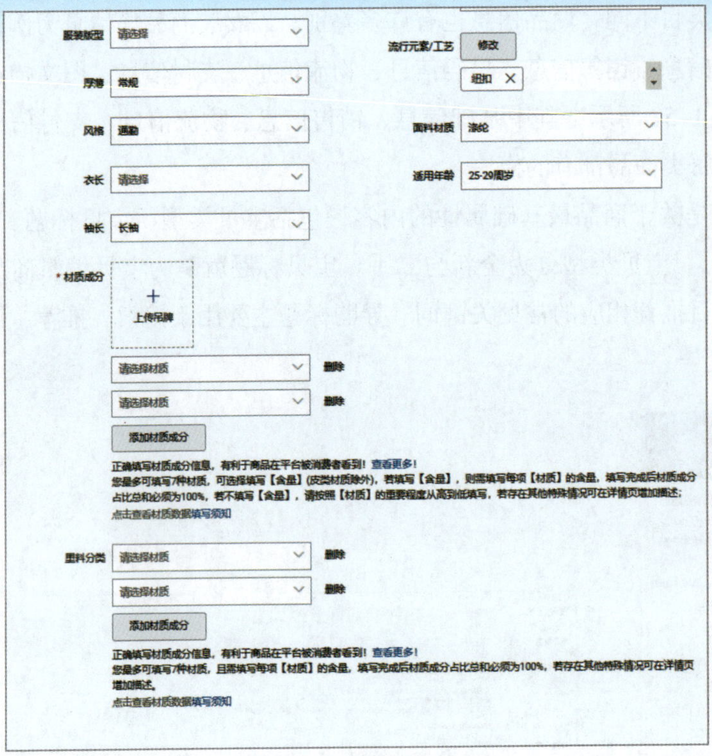

图 1-55　重要属性（二）

图 1-56　其他属性

宝贝定制分为否与支持两个选项，主要用于告诉消费者本商品能否进行个性化定制，如图 1-57 所示。

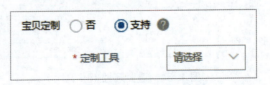

图 1-57　宝贝定制

当选择支持定制时，需要填写对应的定制工具，如图 1-58 所示。

图 1-58　宝贝定制工具

采购地是指商品的生产地址，可以分为中国内地和中国港澳台地区以及其他国家和地区，当商品采购地是中国港澳台地区以及其他国家和地区时，需要对采购地进行更加详细的填写，包括国家地区、库存类型和发货地，如图 1-59 所示。

图 1-59　采购地

销售信息需要填写商品的颜色、尺码、发货时效、一口价、总数量、商家编码和商品条形码，如图 1-60 所示。其中颜色分类可以添加图片、填写主色和备注。尺码选择标准尺码，这样可以增加搜索或导购的机会，但商品实体与标准尺码存在一定的误差，因此还要添加规格备注。发货时效需要根据店铺发货具体情况勾选，一般来说，平台默认 48 小时发货，卖家有 24 小时内发货、48 小时内发货、大于 48 小时发货三种发货时限可以选择。

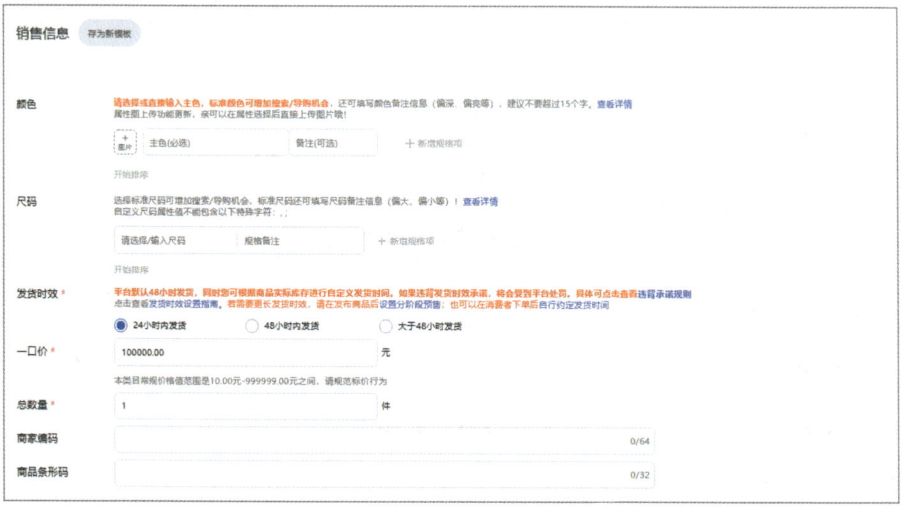

图 1-60　销售信息

尺码信息如图 1-61、图 1-62 所示，这两部分内容的完善，有助于消费者挑选适合自己尺码的款式，减少后期因尺码不对而产生的退换货问题。

物流模式包括提取方式和区域限售两部分，如图 1-63、图 1-64 所示。提取方式可以选择是否使用物流配送。当使用物流配送时，需要填写运费模板，可以选择已有的运费模板或新建模板。区域限售分为不设置商品维度区域限售模板和选择商品维度区域限售模板。当选择商品维度区域限售模板时，需要设置限售条件。

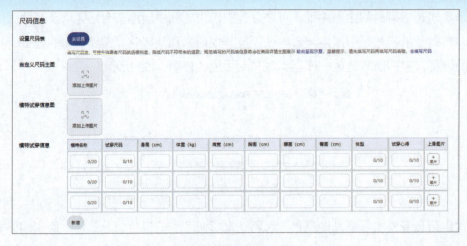

图 1-61 尺码信息

试穿表格 仅供参考

模特	叶子	越越	木木	花花
身高/体重	158/140	168/160	160/132	170/135
肩宽	39	42	42	41
胸围	100	96	97	93
腰围	80	79	78	79
臀围	108	112	96	100
体型	沙漏型	梨型	H偏梨型	苹果型
试穿感受	穿XL码合适松驰有度原型很好	穿XXL码合适把肉肉藏得好好的整体舒适美观	穿L-XL码合适很是显瘦磁内舒适好看	穿XL码合适假修饰身材显瘦效果好

图 1-62 试穿表格

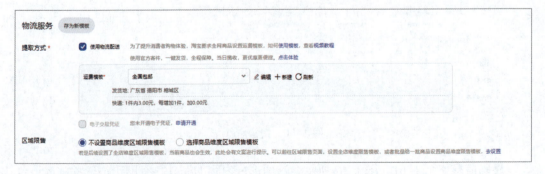

图 1-63 物流信息

图 1-64 区域限售

支付信息有库存扣减方式，包括买家拍下减库存和买家付款减库存两种方式，如图 1-65 所示。

图 1-65　支付信息

图文描述分为基础素材和导购素材两部分。基础素材包括主图图片、主图多视频和宝贝长图，如图 1-66 所示。主图大小不能超过 3 MB；700 px×700 px 以上图片上传后详情页自动提供放大镜功能。第五张图片发商品白底图可增加手机淘宝首页曝光机会。上传 3∶4 的图片或视频可以增加商品曝光率。

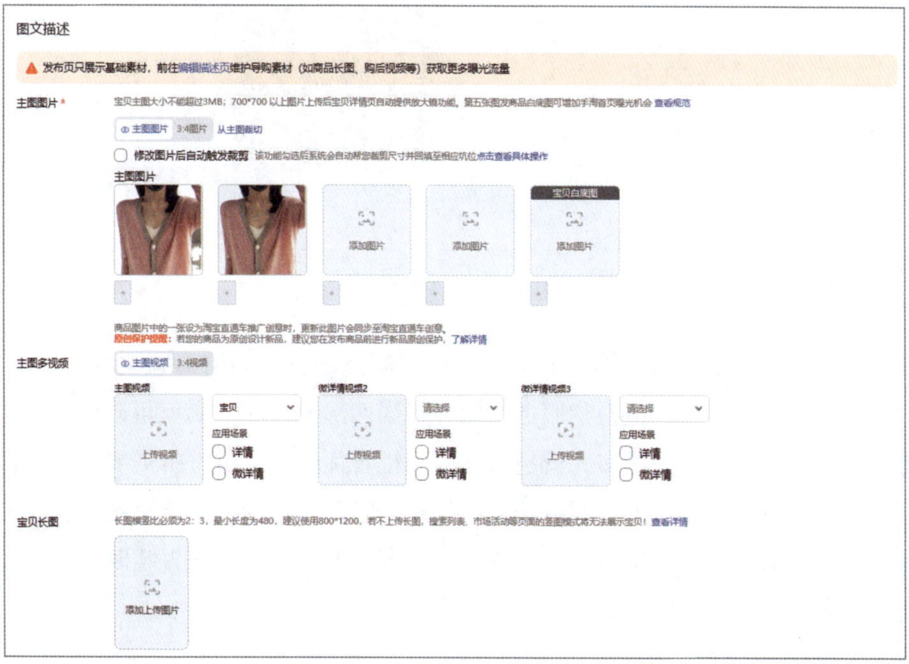

图 1-66　图文描述

导购素材包括宝贝长图、详情描述，如图 1-67 所示。宝贝长图横竖比必须为 2∶3，最小像素为 480 px，建议使用 800 px×1 200 px。若不上传长图，搜索列表、市场活动等页面的竖图模式将无法展示商品。详情描述是整个商品详情页最关键的部分，是详情页展现在消费者眼前的最终效果。随着网络技术的发展，详情描述已经变为手机和电脑使用同一套描述，这样方便卖家维护。在详情描述编辑区域，可以快速增加图片、文字和编码，单击后就会出现相应的模块，然后就可以进入编辑模式。拖动模块可以改变展现的顺序。为了实现更好的展现效果，可以单击"高级编辑"选项。需要注意的是，详情描述并不是可以随意添加各模块的，需要保证图片不超过35 000 px。完成编辑可以对商品进行划分，将其归置到店铺分类下。

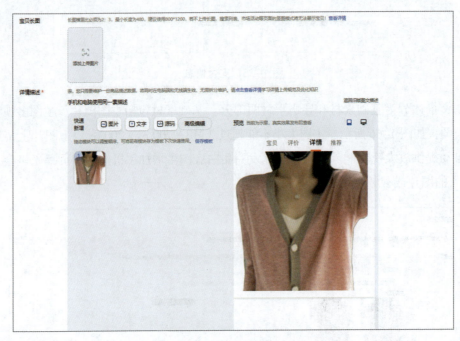

图 1-67　导购素材

售后服务包括售后服务、会员打折和上架时间三部分，如图 1-68 所示。售后服务又由提供发票、保修服务、退换货服务、服务承诺四部分组成，卖家可以根据店铺实际情况进行勾选，提供的服务越多，就越有推广和销售优势。会员打折需要勾选本件商品是否参与会员打折活动。上架时间就是商品发布的时间。当商品上传完后，就需要发布在店铺中，不然消费者就无法看到，可以选择立即上架，也可以设置定时上架，在某个时间自动上架，或放入仓库中。

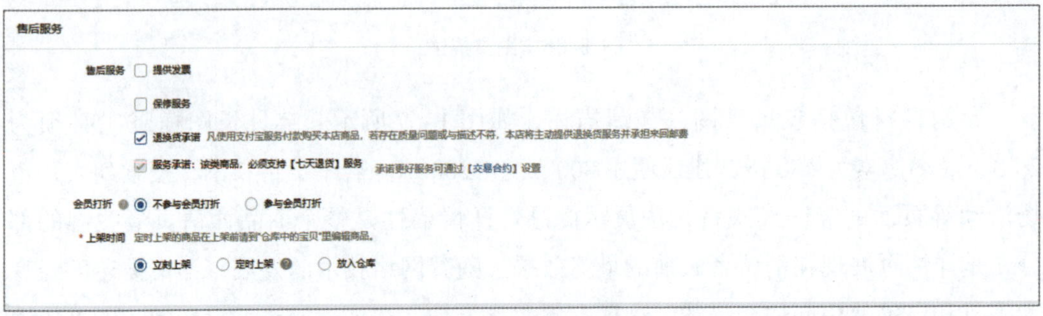

图 1-68　售后服务

当设置完所有信息后，单击"提高宝贝信息"选项，就能完成宝贝的上传。

任务实施

请根据任务描述中的工作内容，将任务实施过程中的关键讨论点及执行点进行记录（表1–4、表1–5）。

表1–4 任务讨论记录

任务讨论	讨论记录

表1–5 任务执行记录

任务执行	执行记录

任务评价（表1–6）

表1–6 淘宝后台常用操作任务评价

评价任务	评价标准	评价结果	
		完成	未完成
淘宝后台常用操作	能够将个人店铺的旺铺版本升级为智能版		
	能够添加和设置店铺装修模块		
	能够完成图片、视频和文件夹的上传		
	能够为图片添加专属水印		
	能够合理编辑商品标题，上传商品图片，填写商品的各项信息，完成宝贝上传		

> 📑 **思政园地**

网店商品的图片要避免侵权

一起淘宝网上销售侵权商品的案件,经杭州市余杭区人民法院判决,依法判决被告赔偿原告损失6万元。

被告是一家淘宝服装店的店主,因开设的企业店铺中销售的一款服装上的图案与原告发布的图片相似,原告认为侵害其作品的著作权,要求被告赔礼道歉并赔偿损失30万元(因该企业店铺经营范围涉及生产、制造)。原告以客户名义在被告淘宝店铺下单购买涉案商品,并通过公证处对整个购买过程和后期的收货过程进行了公证,这是涉案商品进行证据保全的惯常操作,在证据收集齐全后便以著作权侵权为由诉至杭州市余杭区法院(淘宝网所在地法院)。

余杭区法院根据以下两点情形进行审理:

1. 产品是否侵权

原告的作品图案与被告销售服装的制作图案相似,法院认可图片实质性相似。因被告公司所销售的商品没有保留相关的进货来源等合法进货凭证,且未取得原告对图案进行销售的许可。无相关商品合法来源,法院认为涉案商品存在侵权,故应删除相关侵权商品链接。

2. 关于赔偿金额

因原告无法提供证明赔偿额是因侵权所受到的损失或被告侵权所获利益,法院以侵权行为的性质、主观过错程度,以及涉案产品的价格、销量、涉案作品的知名度、原告为制止侵权所支付的合理费用等综合考虑,判断赔偿金额。

建议网店店主在销售相关商品时,取得供应商的网络销售许可授权,或者提供进货的合同、发票、收据等相关合法来源凭证,避免知识产权侵权。

📋 知识与技能训练

同步测试

一、单项选择题

(1)淘宝店铺的二级域名的长度应维持在(　　)位。

A. 4~16　　　　　　　　　　　　B. 8~32

C. 4~32　　　　　　　　　　　　D. 8~16

（2）以下淘宝旺铺中不需要花费资金的是（　　　）。

A. 天猫旺铺　　　　　　　　　　B. 淘宝旺铺智能版

C. 淘宝旺铺专业版　　　　　　　D. 淘宝旺铺基础版

二、多项选择题

（1）以下（　　　）可以在淘宝店铺基本设置页面修改。

A. 店铺名称　　　　　　　　　　B. 二级域名

C. 店铺介绍　　　　　　　　　　D. 客服电话

（2）以下属于图片空间优势的是（　　　）。

A. 安全、稳定　　　　　　　　　B. 页面打开速度快

C. 功能方面更全面　　　　　　　D. 价格便宜

三、判断题

（1）店铺初始域名不可自行修改，卖家可通过订购店铺相关工具申请使用或修改二级域名。　　　　　　　　　　　　　　　　　　　　　　　　　　　　　　（　　　）

（2）图片空间除了图片管理，还提供了放大镜、多图多色、宝贝图片直接插入、图片多尺寸选择等诸多功能。　　　　　　　　　　　　　　　　　　　　　　　（　　　）

（3）商品发布的核心内容包括商品标题撰写、商品属性填写、商品详情页的设计。

（　　　）

综合实训

一、实训目的

通过综合实训学习，学生能够独立完成基础的店铺页面装修。

二、实训要求

（1）根据图片上传流程，完成商品图片和网店装修素材图片的上传。

（2）根据网店装修技巧，完成蓝潮数码网店的初步装修。

三、实训内容

任务操作1：登录千牛工作台，单击"图片空间"选项，按照图片建立对应文件夹，并将商品图片和装修素材图片上传至"图片空间"，如图1-69~图1-71所示。

图1-69　建立图片空间文件夹

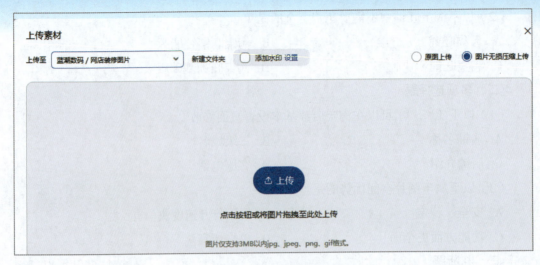

图 1-70　图片上传

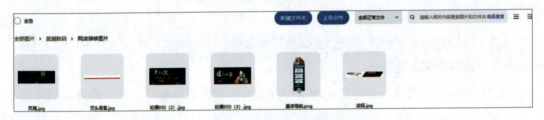

图 1-71　图片上传完成

　　任务操作 2：在千牛工作台首页左侧导航栏中找到"PC 店铺装修"选项，单击后进入 PC 店铺装修页面。选择"首页"→"装修页面"选项，进入首页装修页面，如图 1-72~图 1-74 所示。

　　任务操作 3：查看淘宝旺铺左上方是否为智能版，若不是，则需升级为智能版旺铺，如图 1-75 所示。

　　任务操作 4：在最左侧菜单中找到"页面"选项，单击后，将其背景色改为黑色，如图 1-76 所示。

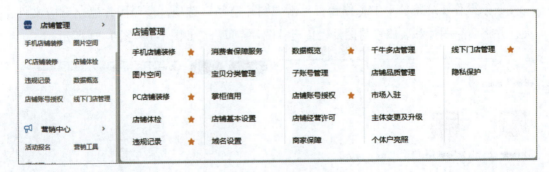

图 1-72　PC 店铺装修功能

图 1-73 PC 店铺装修页面

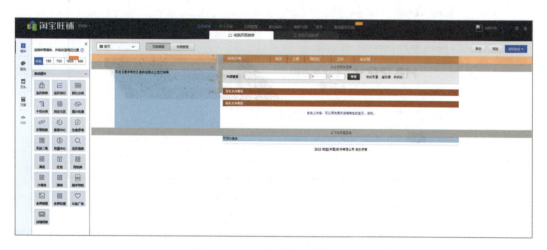

图 1-74 PC 店铺首页装修页面

图 1-75 淘宝旺铺智能版

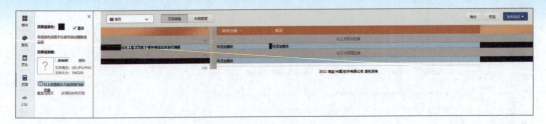

图 1-76　店铺首页页面背景色设置

任务操作 5：单击最左侧菜单中的"模块"选项，在基础模块中找到店铺招牌模块，拖动至页头部分，单击右侧上方的"编辑"按钮。选择"默认招牌"选项，不显示店铺名称，"背景图"处选择"图片空间"中的店铺招牌图片，最后单击"保存"按钮，完成店铺招牌的设置，如图 1-77 所示。

图 1-77　店铺招牌设置

任务操作 6：单击最左侧导航栏的"页头"选项，"页头背景图"选择事先制作的背景图，"背景显示"选择"横向平铺"，"背景对齐"选择"居中"对齐，如图 1-78 所示。

图 1-78　首页页头背景设置

任务操作 7：单击最左侧导航栏的"配色"选项，选择明亮红色，如图 1-79 所示。

任务操作 8：单击最左侧导航栏中的"模块"选项，找到悬浮导航，拖动到图中红框区域，并单击右上角"编辑"按钮，在内容设置中添加制作好的悬浮导航图，然后单击"确定"按钮，如图 1-80~图 1-82 所示。

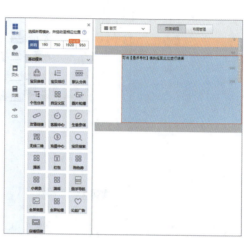

图 1-79　首页配色设置

图 1-80　首页悬浮导航

图 1-81　首页悬浮导航设置

图 1-82　首页悬浮导航效果展示

任务操作 9：单击"图片轮播模块"右上方"编辑"按钮，"内容设置"需要添加轮播图片及商品链接。轮播图片从"图片空间"中寻找已上传的轮播图片。链接地址需要商品的链接，以实现点击轮播图进入对应商品详情页的功能。在千牛工作台左侧导航栏中依次选择"商品"→"商品管理"→"我的宝贝"选项，选择想要放在轮播上的商品，单击"分享"→"复制商品链接"选项，回到店铺装修页面，粘贴链接地址，单击"保存"按钮，就能完成轮播图片的添加。如图 1-83~图 1-85 所示。

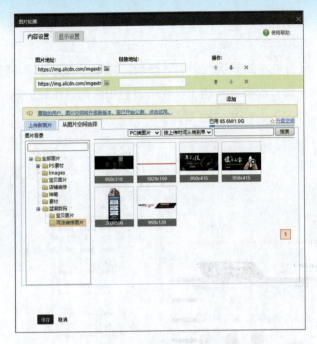

图 1-83　添加图片轮播

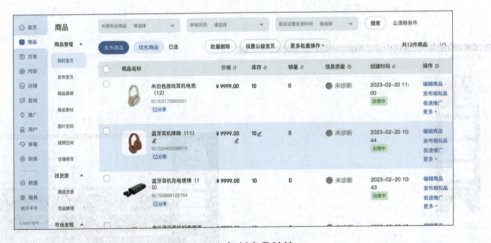

图 1-84　复制商品链接

图 1-85　添加商品链接

任务操作 10：单击"显示设置"按钮，设置不显示标题，"模块高度"设置为
415 px，"切换效果"设置为"渐变滚动"，如图 1-86、图 1-87 所示。

图 1-86　图片轮播显示设置

图 1-87　图片轮播效果展示

任务操作 11：单击模块栏中的"设计师模块"选项，从中找到特价专区并拖动至
对应位置，根据需要设置左侧与右侧的宝贝数量和标题，如图 1-88~图 1-90 所示。

图 1-88　特价专区添加

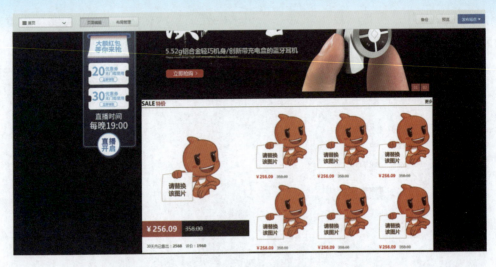

图 1-89　特价专区展现

图 1-90　特价专区设置

任务操作 12：在"基础模块"选项中选择"无线二维"选项，找到 190 的模块，拖动二维码进入，如图 1-91 所示。

图 1-91　无线二维设置

任务操作 13：在首页页尾区域，从"基础模块"中选择"自定义区"拖入页尾区域，单击右侧上方的"编辑"按钮，从"图片空间"中添加事先做好的页尾图片，单击"保存"按钮，如图 1-92~图 1-94 所示。

图 1-92　添加页尾自定义区

图 1-93　页尾自定义区设置

图 1-94　页尾效果展示

任务操作 14：装修页面完成后，单击右上角"发布站点"→"立即发布"按钮，就能完成店铺首页的发布，消费者可以正常浏览店铺的首页，如图 1-95 所示。

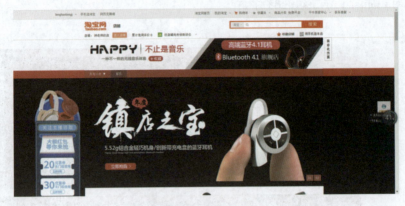

图 1-95　首页发布

四、实训考核（表 1-7）

表 1-7　数码网店初步装修实训考核

评价任务	评价标准	评价结果	
		完成	未完成
网店初步装修	能够完成宝贝图片与网店装修图片的上传		
	能够完成页头与页面背景的设置		
	能够完成店招的设置		
	能够完成悬浮导航的设置		
	能够完成图片轮播区图片与链接的添加		
	能够完成特价专区的设置		
	能够完成无线二维的设置		
	能够完成页尾区的设置		

▷▷ 单元2　简易的网店页面装修

【项目介绍】

店铺装修的本质是展示商品，展示商品的目的在于促成交易。从卖家中心发布商品并上架，会自动同步到店铺内展示，如果不手动改变店内的排版结构，默认的呈现效果会非常糟糕且混乱。

大多数人开网店的初衷是赚钱，装修店铺的最终目的是提升转化率、提升客单价，从而提升销售额，实现盈利。所谓"人靠衣装马靠鞍"，规范的店铺色彩搭配、设计合理的购物引导路径、制作大气的店铺排版，既能让买家轻易找到想要的商品，又能让买家享受轻松愉悦的购物过程。店铺装修就应该奔着"让买家赞不绝口、记忆犹新、流连忘返、爽快买单"的效果。要达到这种效果，除了完全掌握淘宝旺铺的各种功能，还与图片处理、装修技巧密不可分。

【学习目标】

知识目标

- 了解简易的网店装修步骤及相关知识点，包括页头区基础装修、宝贝分类、导航设置、首页主体内容装修、详情页装修以及自定义专题页装修。

技能目标

- 完成店铺页头区基础装修。
- 完成网店宝贝分类管理，并根据宝贝分类进行导航内容的添加。
- 能够完成首页其他主题内容装修，展示店铺商品。
- 能够对宝贝进行详情页切片装修及高级编辑。
- 完成自定义专题页装修。

素质目标

- 以培养学生社会主义核心价值观及社会主义职业道德规范为主，在此基础上树立学生履行时代赋予使命的责任担当，端正三观，诚实守信。

【思维导图】

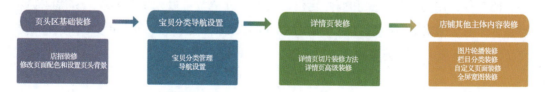

任务 2.1　页头区基础装修

任务描述

开通网店后，网店页面是默认的，并不美观。而页头区是消费者进入网店最先看到的区域，页头区装修是否美观，是网店能否吸引到消费者的重要影响因素。因此，需要装修店铺页头区。

本任务的主要工作内容有：

（1）能够了解店招的设计原则及要求，完成店招设计。

（2）能够根据店招装修方法，完成店招装修。

（3）能够了解页面配色的基本方法，设计合适的页面配色。

（4）能够掌握页面配色及页头背景的设置方法，完成店铺页面配色及页头背景设置。

任务分析

在装修页头区时，要先了解页头区的组成部分、设计原则等。页头区的装修包含店招装修和页头背景的设置。店招是网店视觉设计中的重要环节，清晰展示店铺名称是店招的首要功能，还可以在店招中展示诸如店标、品牌宣传语、促销商品、优惠信息、活动信息等常见内容。在进行店招设计时，需要结合店铺的经营理念、品牌及商品定位，通过点、线、面等设计元素，以及文字、图片等将上述内容展示出来，也可以根据需要添加关注按钮、搜索框、网店公告以及联系方式等其他内容。

在进行页面配色设计时，要遵循色彩的基本原理，考虑店铺装修的特点，灵活运用配色的技巧，避免造成配色混乱的现象。

知识储备

2.1.1　店招装修

1. 认识店招

店招是消费者进入店铺后第一眼就能看到的模块，主要向消费者展示店铺名称，传达品牌形象和商品定位，是大部分消费者最先了解和接触到店铺信息的渠道。店招大部分都是由店铺名称、品牌标识、宣传语、商品图片等组成。漂亮美观的店招可以吸引消费者进入店铺。

店招的设计
原则及要求

2. 店招装修

（1）登录千牛工作台，选择"店铺装修"→"PC 店铺装修"选项，进入智能版店铺装修的初始界面，如图 2-1 所示。

店招装修

图 2-1　店铺首页装修界面

（2）选择"店铺招牌"选项，单击右上角"编辑"按钮，转到如图 2-2 所示界面，卖家可以设置招牌类型、店铺名称、背景图、高度等选项。

图 2-2　店招编辑

（3）在编辑窗口选择不显示店铺名称，单击"选择文件"按钮，选择"图片空间"中的店招图片插入，如图 2-3 所示。

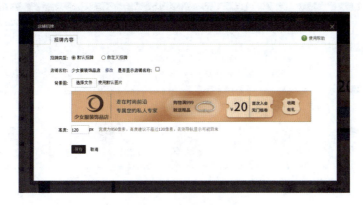

图 2-3　插入店招图像

（4）单击"保存"按钮，店招装修效果如图2-4所示。

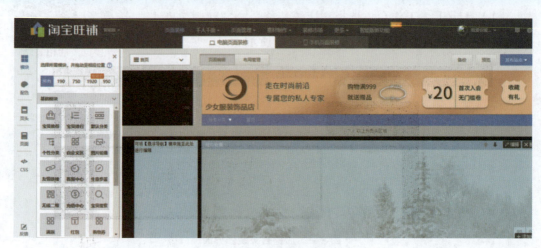

图2-4　店招装修效果

2.1.2　修改页面配色和设置页头背景

1. 修改页面配色

网店页面配色很大程度上会影响整体的视觉体验，一个网店设计的成功与否，很大程度上取决于页面色彩的运用和搭配是否得当，因此，在设计页面时，必须高度重视页面色彩的搭配。

修改页面配色和设置页头背景

修改页面配色的操作如下：

进入千牛工作台的店铺装修页面，单击左侧"配色"选项，选择和店招颜色匹配的颜色，如图2-5所示。

图2-5　修改页面配色

2. 设置页头背景

在网店装修过程中，常常需要对网店页头部分进行装修，包括设置店招和导航。在设置了常规店招时，页头区域的颜色依然为默认颜色。为了使页面更美观，可以为页头设置合适的颜色或图案，从而对店招起到衬托作用，达到更好的视觉效果。

（1）设置页头背景色。

①进入千牛工作台的店铺装修页面，单击左侧"页头"选项，就会出现页头背景设置页面，如图 2-6 所示。

②单击"页头背景色"的选项框，就会出现调色板，选择一个颜色后，单击"确定"按钮，就会使页头背景色发生变化，如图 2-7 所示。

图 2-6　页头背景色的设置　　　　　图 2-7　选择页头背景色

（2）设置页头背景图。

①在网上下载或使用 Photoshop 制作页头背景图。

②进入千牛工作台的店铺装修页面，单击左侧"页头"选项，进入页头背景图设置页面，如图 2-8 所示。

③单击"更换图片"按钮，选择准备好的背景图，"背景显示"选择"平铺"，"背景对齐"选择"居中"，如图 2-9 所示。

④背景设置完成后，可以直接在页面右侧单击"预览"按钮查看效果。

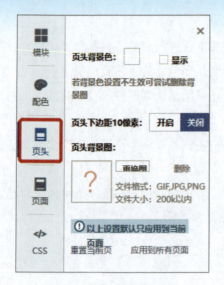
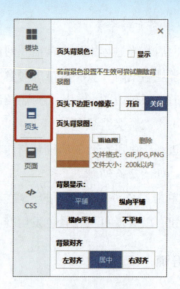

图 2-8　页头背景图的设置　　　　　　图 2-9　更换页头背景图

任务实施

请根据任务描述中的工作内容，将任务实施过程中的关键讨论点及执行点进行记录（表 2-1、表 2-2）。

表 2-1　任务讨论记录

任务讨论	讨论记录

表 2-2　任务执行记录

任务执行	执行记录

任务评价（表 2-3）

表 2-3 页头区基础装修任务评价

评价任务	评价标准	评价结果	
		完成	未完成
店招装修	店招设计符合尺寸及格式要求		
	店招设计能体现店铺的特色及主营商品，准确传达经营理念		
	店招设计布局合理，主题突出，有一定的营销导向		
页面配色设置	页面配色搭配协调，具有一定美感		
	能根据页面配色修改方式完成页面配色修改		
	能根据页头背景设置方式完成页头背景设置		

任务 2.2 宝贝分类导航设置

任务描述

设置宝贝分类导航的目的是将店铺的商品进行分类，方便消费者跳转页面查看店铺的各类商品及信息，节省消费者时间，更快速地找到需要的商品。

本任务的工作内容有：

（1）能够了解宝贝分类管理的方法，完成个人店铺的宝贝分类管理。

（2）能够掌握宝贝分类的设计要点，完成宝贝分类设置。

（3）能够了解常见的导航形式，为店铺选择合理的导航形式。

（4）能够根据店铺导航的设计原理及技巧，完成店铺导航设计。

（5）能够根据导航设置的方法，完成个人店铺的导航设置。

任务分析

将不同类型商品归入某个分类叫做宝贝分类管理。在进行宝贝分类管理时，可以按照分类的作用或商品的属性进行划分，设计宝贝分类时要注意宝贝分类的名称、颜色、尺寸等。设计店铺导航时，首先要符合店铺导航的尺寸规则，其次需要考虑的是导航的色彩和字体风格。

知识储备

2.2.1　宝贝分类管理

1. 认识宝贝分类管理

宝贝分类的方式

分类管理是指卖家自己创建店铺分类的行为。比如发布的商品包含男士外套、男士裤子、女士外套、女士连衣裙，卖家希望将不同类型的商品放在一起而创建分类的动作叫做分类管理。

宝贝分类管理是店铺装修的重要环节，其作用是将店铺内的商品进行各个类别的划分，不仅方便消费者根据不同的类别迅速地找到想要购买的商品，还有利于店铺掌柜对各类别商品的销售进行统计。

2. 宝贝分类设置

（1）在千牛工作台左侧导航依次选择"店铺"→"装修管理"→"分类设置"选项，进入宝贝分类管理页面，如图 2-10 所示。

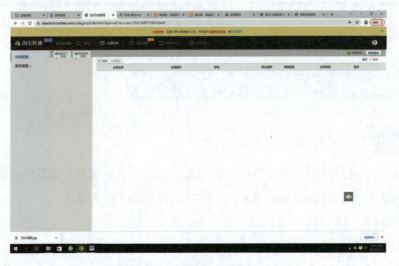

图 2-10　宝贝分类管理页面

（2）在分类管理中新建分类，有两种方式，分别是"添加手工分类"和"添加自动分类"。添加手工分类是指自定义分类名称。卖家可以自己创建子分类（最多到下一级分类），并且可以自由选择该分类下的宝贝。添加自动分类是根据店内已有商品的基础信息，系统根据四个维度如商品类目、商品属性、商品品牌、价格等自动帮店铺进行归类。

以添加手工分类为例，输入需要的分类名称，如果想在分类下面添加子分类，可以单击"添加子分类"选项，继续编辑子分类，分类完成后单击右上角"保存更改"按钮，如图 2-11 所示。

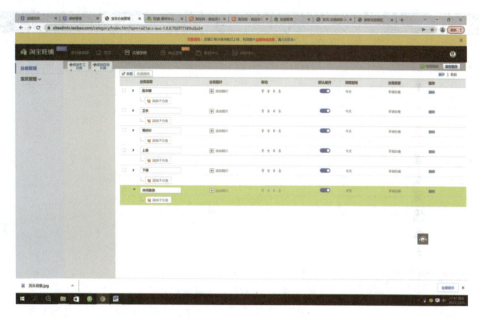

图 2-11　添加手工分类

（3）接下来单击左侧"宝贝管理"选项，对"未分类宝贝"进行分类管理，在宝贝"编辑分类"栏打开分类，选择其中一种，所属分类栏就会显示宝贝的分类栏目，如图 2-12 所示。

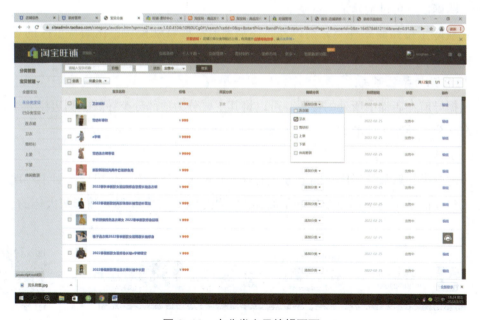

图 2-12　未分类宝贝编辑页面

（4）编辑完所有的宝贝分类后，宝贝分类完成，如图 2-13 所示。

图 2-13　宝贝分类完成页面

2.2.2　导航设置

1. 认识店铺导航

导航是指店铺首页的分类区域，可以方便消费者跳转页面，查看店铺的各类商品及信息，节省消费者的时间，帮助消费者快速找到需要的商品。导航的设计一定要简洁、直观、明确，不可过于繁杂。

导航除了按照商品种类分类以外，还需要有一些特殊模块，比如特价区的导航按钮、包邮区的导航按钮等。增加这些让利模块能够提升店铺的浏览量与销量。

2. 常见的导航形式

根据导航在店铺中所处的位置，可以将其主要分为顶部分类导航、侧边栏分类导航和自定义分类导航三种形式。

（1）顶部分类导航。

顶部分类导航常位于店招的下方，消费者通过该分类导航条，可以一目了然地了解到店铺整体的结构与布局以及店铺中商品的分类情况，并因此对店铺形成大体的认知，如图 2-14 所示。

图 2-14　顶部分类导航

店铺导航的
设计技巧

（2）侧边栏分类导航。

侧边栏分类导航常常位于店铺页面的左侧，如图 2-15 所示。在该分类导航中除了会以商品款式来进行分类以外，通常还会以数据进行分类，比如按综合、按销量、按新品、按价格，通过这些数据分类来展示商品。

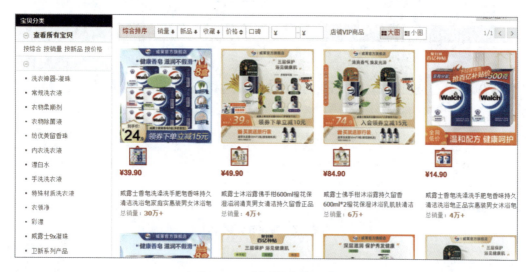

图 2-15　侧边栏分类导航

需要注意的是，这些分类在侧边栏分类导航中通常只是一个链接网页的入口，单击这些选项后会跳转到相应的宝贝排序页面。比如单击"销量"选项后，跳转到按销量排序的页面，宝贝销量从高到低依次展示，还可以通过单击"销量"图标来进行商品销量升降序排列的转换，如图 2-16 所示。

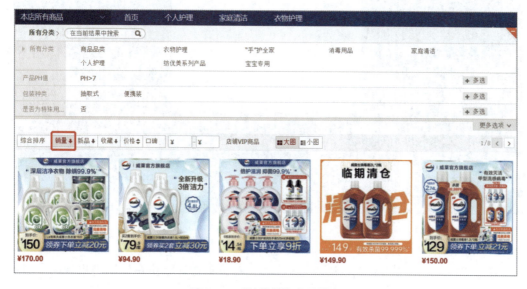

图 2-16　"按销量"商品排序

（3）自定义分类导航。

自定义分类导航可位于店铺页面中的任何位置，常用于对店铺活动等信息的分类介绍，通常采用选项结合超链接的表现方式，如图 2-17 所示。

图 2-17　自定义分类导航

3. 导航设置

（1）在千牛工作台进入店铺装修的 PC 首页装修界面，单击"导航"→"编辑"选项，打开导航设置页面，如图 2-18 所示。

导航设置

图 2-18　导航设置

（2）单击"添加"按钮，添加导航内容，在首页选择希望在导航中出现的宝贝分类，如图 2-19 所示。

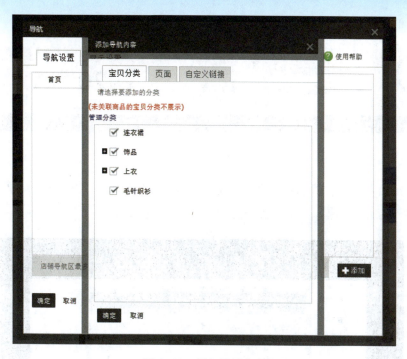

图 2-19　添加导航内容

（3）单击"确定"按钮，自动添加刚才所选择的分类内容，如果需要对它们的前后位置进行调整，如图 2-20 所示，可以选择单击箭头进行调整。

图 2-20　导航内容位置调整

（4）单击"确定"按钮后首页导航内容如图 2-21 所示。

图 2-21　导航栏效果

（5）如果卖家想在导航中添加"会员"等自定义页面，可以选择"导航设置"选项，打开"添加导航内容"页面进行添加，如图 2-22 所示。

图 2-22　添加导航内容

（6）如果要切换自定义页面和其他导航分类的顺序，可以在"导航设置"选项里进行上下调整，如图 2-23 所示。

（7）单击"确定"按钮，会看到所有的商品分类页面和会员自定义页面出现在导航栏中，最后预览店铺导航效果，注意自定义页面一定要在发布店铺后才可以查看效果，如图 2-24 所示。

（8）如果卖家有多家店经营，需要在各个店铺之间增加子店铺的跳转，或者增加其他网店的友情链接，可以在"导航设置"中打开"添加导航内容"页面，选择"自定义链接"选项，如图 2-25 所示。需要注意的是，此处的链接仅能为淘宝内部链接。

图 2-23　导航分类顺序调整

图 2-24　导航栏效果

图 2-25　添加自定义链接

（9）单击"确定"按钮后预览导航效果，需要的话可以在"导航设置"选项中调整顺序，然后发布站点，预览效果。

任务实施

请根据任务描述中的工作内容，将任务实施过程中的关键讨论点及执行点进行记录（表2-4、表2-5）。

表2-4　任务讨论记录

任务讨论	讨论记录

表2-5　任务执行记录

任务执行	执行记录

任务评价（表2-6）

表2-6　宝贝分类导航设置任务评价

评价任务	评价标准	评价结果	
		完成	未完成
宝贝分类管理	能够完成个人店铺的宝贝分类管理		
	能够根据宝贝分类设计要点完成宝贝分类设计		
导航设置	能够为店铺选择合理的导航形式		
	能够结合店铺风格完成店铺导航设计		
	能够完成个人店铺的导航设置		

任务 2.3　详情页装修

任务描述

商品详情页是商品内容的体现，是展示商品信息及卖点的页面。商品详情页要与商品标题相对应，真实介绍商品的属性。一个完整的商品详情页要告诉消费者商品的价格、外观、功能，以及产品与同类竞争者相比较的优势等。每个商品都有其专属的详情页，其设计的好坏将会对消费者的购买行为产生直接的影响。因此，商品详情页的设计要在美观实用的基础上，将要表达的信息尽可能用直观的视角展现出来。

本任务的主要工作内容有：

（1）能够了解详情页切片的标准及方法，完成详情页切片。

（2）能够了解商品详情页的作用。

（3）能够根据商品详情页的布局要点，合理布局商品详情页。

（4）能够根据网店运营策略及商品定位，明确商品详情页设计思路。

（5）能够根据商品详情页装修方法，完成商品详情页装修。

任务分析

商品详情页可分为电脑端详情页和移动端详情页。这两种详情页的设计需要根据电脑屏幕与手机屏幕的视觉差异进行独立制作或布局调整，进行详情页切片及布局设计时需注意其不同的尺寸标准。一般来说，商品详情页主要包括商品图片、商品视频、商品参数信息、商品详情描述四部分。商品图片和视频的吸引力在一定程度上决定了网店的访客量。清晰度高、细节直观、描述完整的商品主图可以让消费者快速了解商品，并对商品形成直观的印象，产生进入商品详情页深入了解商品的兴趣，为商品带来流量和转化率。商品描述是详情页的主要模块，一个好的详情页，可以让消费者更好更详细地了解商品。

知识储备

2.3.1　详情页切片装修方法

1. 详情页设计的尺寸标准

按展现方式不同，商品详情页可分为电脑端详情页和移动端详情页。顾名思义，电脑端详情页是指在电脑端展示的详情页，移动端详情页是指在手机、平板等移动设备展示的详情页。通常情况下，为了使消费者有更好的购物体验，这两种详情页需要根据消费者的阅读习惯，使用不同的展现方式进行独立制作或布局调整。

详情页切片
的必要性

电脑横屏的宽大视野与手机竖屏的狭长视界之间的巨大差异，导致在进入无线时代的当下，视觉体验需求随之发生改变。手机端设计应考虑图片的竖屏思维，字号也应该更大一些。

（1）电脑端详情页尺寸标准。

不同平台、不同类型的网店对电脑端详情页的尺寸要求不同。以现阶段淘宝平台为例，个人店铺的尺寸要求为 750 px×n px，天猫店铺的详情页尺寸要求为 790 px×n px。淘宝官方对详情页图片的使用建议为：图片不宜超过 25 张，常用图片格式有 GPG，PNG 和 GIF 动态图片，详情页单图建议 120 KB 左右。

（2）移动端详情页尺寸标准。

同电脑端详情页一样，不同平台、不同类型的网店对移动端详情页的尺寸要求也不相同。以现阶段淘宝平台为例，其宽度要求为 480~1 500 px，建议使用 790 px 的宽度，该尺寸既能保证图片的清晰度，又能保证图片的大小也较为适中。

由于手机端详情页对图片的尺寸要求跟电脑端不一样，卖家发布手机端详情页都需要另外制作图片，这大大增加了卖家的成本。自 2014 年 4 月后，淘宝官方将电脑端图片空间与手机端详情页发布端打通，所有发布在图片空间的图片，可以直接在手机端店铺使用，并且自动将图片压缩至符合手机端要求的尺寸。如果想将图片用到手机端上，可以单击图片选中，选择"适配手机"选项，如图 2-26 所示，这样调整过的图片就会自动适配到手机端。

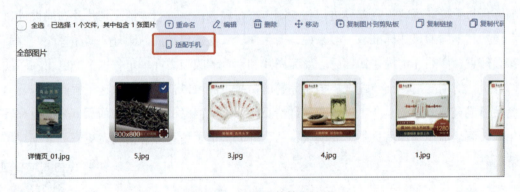

图 2-26　空间图片转手机端

2. 详情页切片及装修流程

打开 Photoshop 软件，在工具箱的裁剪工具里可以找到切片工具。切换切片工具、切片选择工具的快捷键是"shift+C"，注意使用快捷键时将输入法切换至英文状态下。

详情页切片
装修方法

（1）第一种切片方法：划分切片。

①打开一张需要切片的素材图片，选择切片工具。

②单击图片，选择"划分切片"选项，如图 2-27 所示。

图 2-27　划分切片

③根据图片布局，设置划分的行列数或像素值，如图 2-28 所示。

图 2-28　设置行列数

④图中切片编号 01、02、03、05、06、07 是一个整体，需要组合成一个切片，如图 2-29 所示。

图 2-29　组合切片第一步

⑤选择"切片选择工具"选项，或者按快捷键"Shift+C"切换到切片选择工具。按住 shift 键选中切片 01、02、03、05、06、07，然后单击图片，选择"组合切片"选项，切片 01、02、03、05、06、07 组合完成，如图 2-30 所示。

图 2-30　组合切片第二步

⑥在切片划分好以后，有数字编号的蓝色方框为一个切片，导出后成为一个独立的图片文件，如图 2-31 所示。

图 2-31　组合切片第三步

⑦切片完成后，将切片文件存储为 Web 所用格式。步骤：选择"文件"→"导出"→"存储为 Web 所用格式"选项，如图 2-32 所示。也可以使用快捷键"Alt+Shift+Ctrl+S"。

图 2-32　组合切片第四步

⑧选择保存位置，设置好文件名、格式（HTML 和图像）。"设置"选择"默认设置"选项，"切片"选择"所有切片"选项，单击"保存"按钮，如图 2-33 所示。

图 2-33　存储为 Web 所用格式

⑨如果需要查看保存的图片是否正确，打开保存后的切片文件夹，就可以看到经过切片后的单独图片了，如图 2-34 所示。

图 2-34　查看切片图片是否正确

（2）第二种切片方法：常规切片。

选择切片工具，用切片工具逐个框选出切片的范围。在框选切片的过程中要注意，不要有切片交叉或空隙出现。切片完成后，存储为 Web 所用格式，如图 2-35 所示。

图 2-35　常规切片

（3）第三种切片方法：基于参考线的切片。

描述页比较适合用参考线来切片。

①打开 Photoshop 软件，按下"Ctrl+R"快捷键显示标尺。在标尺上按住鼠标左键

向下拖拉出一条参考线，将线放在切片的位置，将切片分割好。在设置参考线时，最好按照内容划分成相对完整的一个区域，不要轻易将一个完整图案切成上下两部分，但是当图案超过一屏时还是要切开的，如图 2-36 所示。

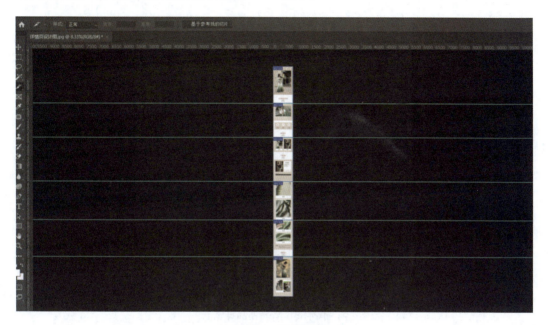

图 2-36 切片设置

②单击"基于参考线的切片"选项，完成切片设置。在 Photoshop 的"文件"菜单中选择"导出"→"存储为 Web 所用样式"选项，然后选择文件存储路径，图片格式选择"HTML 和图像"，切片内容选择"所有切片"，单击"保存"按钮，在存储路径下会出现图片文件夹，里面存储有切好的 8 张图片，如图 2-37 所示。

图 2-37 切片效果展示

（4）详情页装修流程。

①将完成的切片图片上传至"图片空间"备用。打开千牛工作台，选择"商品"→"我的宝贝"选项，选择连衣裙商品，在右边单击"编辑商品"选项，如图2-38所示。

图2-38　编辑商品详情

②在商品信息编辑页中输入要修改的商品内容，进入详情描述页面。单击图片将切好的详情页图片按顺序放入详情页编辑窗口，效果如图2-39所示，可在右侧预览窗口查看效果。完成后单击下方"提交宝贝信息"按钮。

图2-39　详情描述中插入图片

2.3.2　详情页高级装修

（1）进入详情描述位置，单击右上角的"高级编辑"按钮，进入详情页高级装修页面，如图 2-40、图 2-41 所示。

详情页高级装修

详情页的作用

商品详情页的装修方法

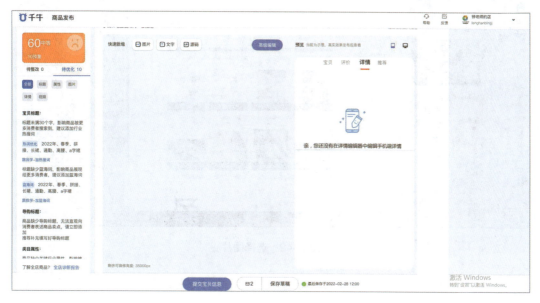

图 2-40　高级编辑

图 2-41　详情页高级装修页面

（2）如果要为详情页插入图片，可在左侧选择"基础模块"中的"图片"选项，进入图片空间选择图片即可，如图2-42所示。

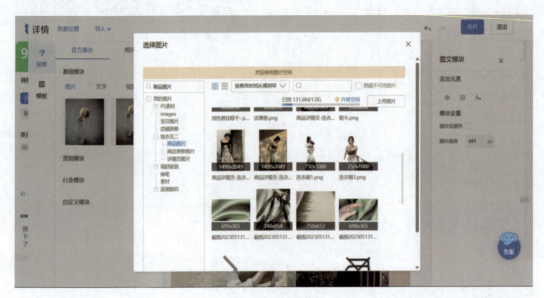

图 2-42 选择图片

（3）如果要为插入的图片添加文字超级链接、图片或文字说明，可在右侧选择小工具等内容，同时可以使用上下箭头移动该模块的位置，也可以复制或删除该模块，如图2-43所示。

图 2-43 图片插入

（4）为详情页增加文字，可以选择"基础模块"中的"文字"选项，打开相应页面如图 2-44 所示。

图 2-44　文字插入

（5）为详情页增加视频展示，可选择"基础模块"的"视频"选项，打开相应页面，如图 2-45 所示。注意：视频可以是 4∶3 或 16∶9 的尺寸。

图 2-45　视频插入

（6）还可以为详情页增加动图效果，在模板库选择喜欢的模板相应替换即可。

另外，在"行业模块"中有很多模块内容可供选择，比如店铺热推、风格诠释、搭配示范、宝贝参数、模特信息，等等，大家可以自己尝试选择模板后修改，如图 2-46 所示。

最后，不要忘记保存。返回宝贝的详情编辑页面，即可看到刚才的装修效果。

图 2-46 行业模块

任务实施

请根据任务描述中的工作内容,将任务实施过程中的关键讨论点及执行点进行记录(表 2-7、表 2-8)。

表 2-7 任务讨论记录

任务讨论	讨论记录

表 2-8 任务执行记录

任务执行	执行记录

任务评价（表 2-9）

表 2-9   详情页装修任务评价

评价任务	评价标准	评价结果	
		完成	未完成
详情页装修	能够根据详情页切片的标准及方法，完成详情页切片		
	能够合理选择自身商品详情页构成要素		
	能够合理规划自身商品详情页的具体内容		
	能够合理布局商品详情页		
	能够明确商品详情页的设计思路，完成商品详情页设计		

任务 2.4   店铺其他主体内容装修

任务描述

对于消费者来说，网店的宣传信息铺天盖地。要让消费者从海量信息中注意到某个店铺，最直接的方式就是通过网店视觉设计，把能够吸引消费者眼球的设计元素体现在店铺装修中，如通过活动图或其他的方式置于店铺首页或详情页的醒目位置进行展示，达到迅速传播的效果。

本任务的工作内容有：

（1）能够掌握图片轮播设置的方法，完成个人店铺的图片轮播设置。

（2）能够根据栏目分类装修的方法，完成店铺栏目分类装修的设置。

（3）能够根据自定义页面装修流程，完成个人店铺的自定义页面装修。

（4）能够根据全屏宽图装修流程，完成个人店铺的全屏宽图装修。

任务分析

图片轮播模块一般用来展示店铺上新活动通知、促销活动等内容，展示的内容应尽量简洁、文字表现清晰。一般来说，2~4 张图片轮播展示较为适中。栏目分类一般位于页面左侧、右侧或轮播图下方，主要用于显示不同类型的商品，卖家可根据店铺的活动和特色进行不同的分类设计。自定义页面用以展现店铺商品的独有优势，它信息全面，展示商品灵活方便，可以分为事件型、说明型、主题型、产品型、季节型和节日型等多种类型。全屏宽图与全屏轮播图的区别是全屏宽图一次只能展示一张海报图片，仅展示单品宣传信息或店铺的活动促销信息。

知识储备

2.4.1 图片轮播装修

图片轮播模块的设置要点

1. 认识图片轮播

图片轮播是指系统允许在同一个位置增加多张图片，然后让这些图片轮番展示，从而达到展示多个宝贝的目的。在店铺中添加了"图片轮播"模块后，店铺主页即可自动放映所设置的图片，它可以高效展示店铺的热销商品、促销广告等。

2. 图片轮播设置

图片轮播其实就是一种使用脚本语言（一般为 JavaScript）实现的图片展示特效。为了保证平台健康发展，淘宝系统推出的"图片轮播"模块并没有给予卖家很大的自由支配权，卖家只需要在比较固定的模块中添加图片和图片链接即可实现图片轮播效果。

图片轮播

（1）导航栏下方便是淘宝默认的"图片轮播"模块，单击右上角"编辑"按钮，打开图片轮播内容设置界面，如图 2-47 所示。

图 2-47 图片轮播内容设置

（2）单击"图片"选项，进入"图片空间"，选中第一张轮播图，引用图片地址，如图 2-48 所示。

（3）将引用的图片地址粘贴到如图 2-49 所示的"图片地址"栏中。

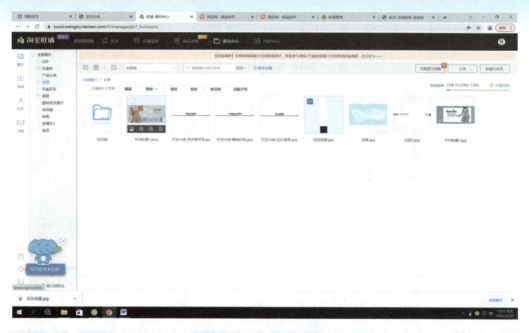

图 2-48　引用图片地址

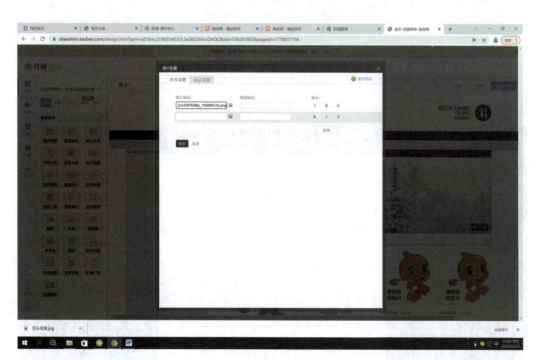

图 2-49　粘贴图片引用地址

（4）在千牛工作台，选择"商品"→"我的宝贝"选项，如图 2-50 所示，找到轮播图对应的商品图，在图片下方单击"分享"→"选择复制商品链接"按钮，然后粘贴到图 2-49 中的"链接地址"栏中，第一张轮播图设置完成。

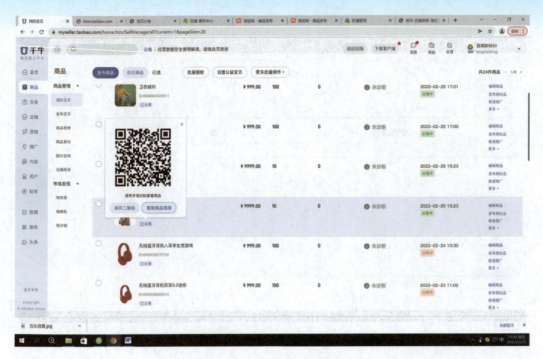

图 2-50　复制商品链接

（5）采用与前步骤同样的方法添加第二张轮播图片的"图片地址"和"链接地址"，完成后如图 2-51 所示。

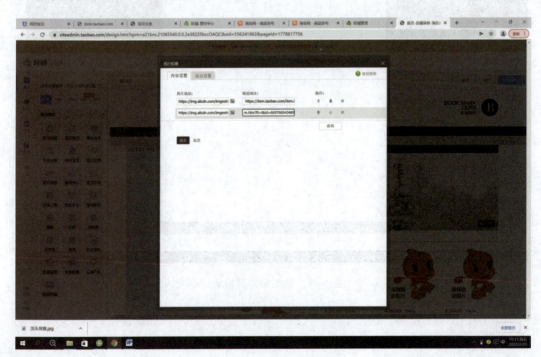

图 2-51　添加两张轮播图

（6）单击"显示设置"选项，选择不显示标题，"模块高度"设置为 445 px，如图 2-52 所示，然后单击"保存"按钮。

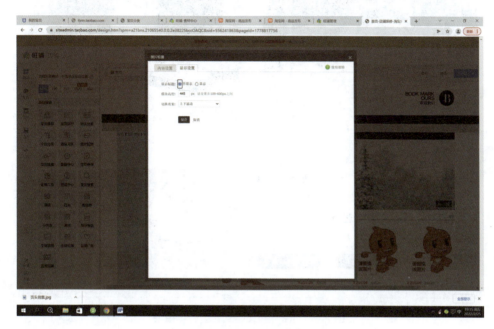

图 2-52　显示设置

2.4.2　栏目分类装修

1. 栏目分类的展示形式

（1）分类商品的视觉呈现形式。

按照组合形式划分，分类商品的视觉呈现形式可以划分为图片型、文字型，也可以是图片和文字结合型。无论哪种形式的呈现，都是为了配合页面设计风格和模块搭配的美观度。

①图片型分类模块，如图 2-53 所示。

图 2-53　图片型分类模块

②图片和文字结合型分类模块，如图 2-54 所示。

图 2-54　图片和文字结合型分类模块

③文字型分类模块，如图 2-55 所示。

配件			运动装备	
单肩包 ｜ 双肩包 ｜ 胸腰包			护具 ｜ 篮球	
臂包 ｜ 桶包 ｜ 其他包/配件			足球 ｜ 瑜伽垫	
棒球帽 ｜ 渔夫帽 ｜ 运动袜 ｜ 运动内裤				

图 2-55　文字型分类模块

（2）商品展示原则。

①商品整洁。整洁干净是商品陈列必须遵循的准则。

②爆款突出。同一区域的若干商品，需要有一个视觉层次与视觉重心，视觉重心通常是卖家主推的重点商品、爆款商品。

③整齐统一。商品展示的品类与风格需要规范统一。

2. 栏目分类装修

（1）在千牛工作台，进入店铺装修的 PC 首页装修界面，删除图片轮播下的特价模块，在"模块"中拖动"自定义区"到图片轮播下方，选择

栏目分类
装修

右上角"编辑"按钮，打开"自定义内容区"窗口，选择"插入图片"选项，选择"精选时尚款"栏目图片，如图 2-56 所示。

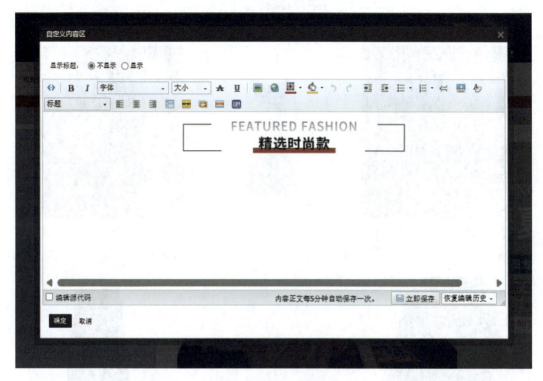

图 2-56　插入图片

（2）单击"确定"按钮后，自定义区域会显示插入的分栏图片，如图 2-57 所示。

图 2-57　自定义栏目标签效果

（3）在"模块"里选择"宝贝推荐"选项，拖动到刚才栏目标签下面，打开"编辑宝贝推荐"，电脑端显示设置一行显示 3 个宝贝，在"宝贝设置"中选择"手工推荐"选项，选择 6 个宝贝，保存设置，预览首页装修效果，如图 2-58 所示。

（4）完成首页效果装修后，选择"备份"选项，以备下次还原用，同时发布店铺，查看店铺整体效果。

图 2-58　宝贝推荐设置效果

2.4.3　自定义页面装修

PC 端自定义页面装修步骤如下。

（1）打开千牛工作台，依次选择"店铺"→"PC 店铺装修"→"自定义页"选项，单击"新建页面"按钮，如图 2-59 所示。

自定义页面
的作用

自定义页面
装修

（2）在"页面内容"界面，选择"自定义内容"中的"通栏自定义页"选项，即 950 px 宽度界面装修，如图 2-60 所示。

（3）单击"确定"按钮后，在"页面名称"栏输入"会员制度"，如图 2-61 所示。

图 2-59　自定义页

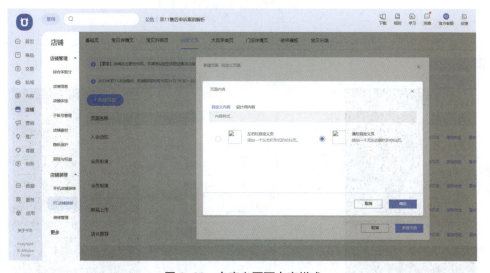

图 2-60　自定义页面内容样式

图 2-61　页面名称

（4）单击"新建页面"按钮进入会员制度页面装修界面，如图2-62所示。

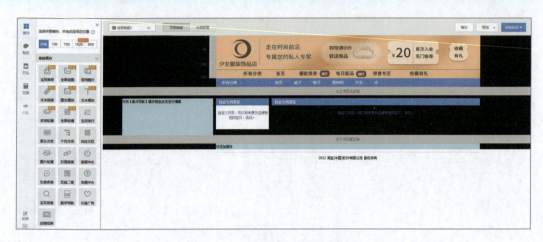

图 2-62　会员制度页面装修界面

（5）在页面的"自定义内容区"选择"编辑"选项，插入"图片空间"中的图片，如图 2-63 所示。

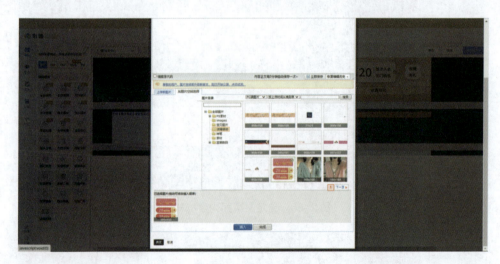

图 2-63　自定义区装修

（6）重复步骤（5），在模块中再次选择"自定义区"拖入会员制度页面，将所有的切片图装修到窗口中，直到整个页面装修完整。

2.4.4　全屏宽图装修

1. 认识全屏宽图

全屏宽图一般位于店铺首页店招导航下方的位置，也被称为首页海报，通常设置成 1 920 px 全屏尺寸展示，其显示区域大，能给人震撼性的视觉效果，是促销活动时常用的模块。

全屏宽图
装修

2. 全屏宽图装修

（1）打开千牛工作台，进入 PC 端店铺装修的编辑页面，选择"模块"中的"1920"将"全屏宽图"选项拖动到导航栏下方，增加全屏模块，如图 2-64 所示。

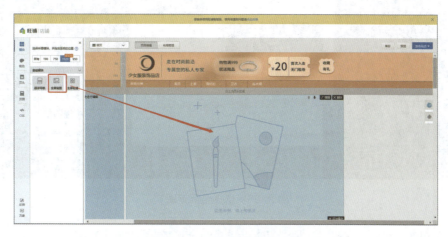

图 2-64　添加全屏宽图模块

（2）将设计好的全屏宽图提前上传至"图片空间"，单击"编辑"按钮，如图 2-65 所示，插入"图片地址"和"链接地址"。此处的"图片地址"为从"图片空间"中选择的图片位置，如图 2-66 所示，链接地址为单击全屏宽图跳转的页面链接。图片高度不大于 540 px。单击"保存"按钮，完成全屏宽图的添加。

图 2-65　全屏宽图设置

图 2-66　选择全屏宽图

（3）单击"预览"按钮，便可查看装修好的全屏效果，如图 2-67 所示。

图 2-67　全屏宽图预览效果

　　注意：虽然淘宝提供了 1920 全屏尺寸的模块，但是全屏宽图有高度限制，不大于 540 px，所以比较高的广告图会被裁切显示，而且在一个页面中全屏宽图只能用 5 次，全屏轮播只能用 1 次。目前淘宝平台上大量店铺首页使用的全屏宽图都是用上述方法来实现的，当一张图片上有多个链接时，建议采用 Dreamweaver 的"热点"来实现图片超链接。

任务实施

　　请根据任务描述中的工作内容，将任务实施过程中的关键讨论点及执行点进行记录（表 2-10、表 2-11）。

表 2-10　任务讨论记录

任务讨论	讨论记录

表 2-11　任务执行记录

任务执行	执行记录

任务评价（表 2-12）

表 2-12　店铺其他主体内容装修任务评价

评价任务	评价标准	评价结果	
		完成	未完成
图片轮播装修	能够明确轮播图片的设置要点，完成图片轮播设置		
栏目分类装修	能够掌握栏目分类装修流程，完成店铺栏目分类装修		
自定义页面装修	能够根据自定义页面装修流程，完成店铺自定义页面装修		
全屏宽图装修	能够根据全屏宽图装修流程，完成店铺全屏宽图装修		

思政园地

商品图片制作要遵守广告法

广告的泛滥，造成广告内容良莠不齐。许多消费者购物选择被广告所左右，被名人所鼓动，消费的同时也带来了不良后果。因此，我国颁布了《中华人民共和国广告法》（以下简称《广告法》），从正面引导消费者，真正保护消费者的合法权益。

《广告法》自 1995 年 2 月 1 日实施以来，在规范广告活动、促进广告业健康发展和保护消费者权益方面发挥了重要作用。随着我国经济天翻地覆的发展，出现许多新情况、新事物，广告业的经营环境发生了很多变化，老的广告法已无法规范一些新的广告乱象。比如：通过名人代言，夸大产品功能；互联网成为广告发布的新渠道，影响了正常使用网络；儿童代言以及学校随意开展广告活动，不利于未成年人身心健康。

针对这些新情况，2009 年国家工商总局报送修订送审稿，2014 年人大常委会审议修订草案，2015 年 9 月 1 日新的《广告法》正式实施，由原来的 49 个条文扩充到 75 个条文。

新《广告法》第九条规定，广告不得有下列情形：（一）使用或者变相使用中华人民共和国的国旗、国歌、国徽，军旗、军歌、军徽；（二）使用或者变相使用国家机关、国家机关工作人员的名义或者形象；（三）使用"国家级""最高级""最佳"等用语；（四）损害国家的尊严或者利益，泄露国家秘密；（五）妨碍社会安定，损害社会公共利益；（六）危害人身、财产安全，泄露个人隐私；（七）妨碍社会公共秩序或者违背社会良好风尚；（八）含有淫秽、色情、赌博、迷信、恐怖、暴力的内容；（九）含有民族、种族、宗教、性别歧视的内容；（十）妨碍环境、自然资源或者文化遗产保护；（十一）法律、行政法规规定禁止的其他情形。

知识与技能训练

同步测试

一、单项选择题

（1）店铺首页全屏轮播图的宽度一般是（　　　）像素。

A. 950 　　　　　　　　　　　　B. 990

C. 1 920 　　　　　　　　　　　D. 1 420

（2）Photoshop 软件中，切换切片工具、切片选择工具的快捷键是（　　　）。

A. Shift+C 　　　　　　　　　　B. Ctrl+R

C. Ctrl+T 　　　　　　　　　　D. Ctrl+D

二、多项选择题

（1）栏目分类的商品展示原则有（　　　）。

A. 商品整洁 　　　　　　　　　　　B. 爆款突出

C. 整齐统一 　　　　　　　　　　　D. 完全一致

（2）根据导航在店铺中所处的位置，可以将其主要分为（　　　）。

A. 顶部分类导航 　　　　　　　　　B. 侧边栏分类导航

C. 自定义分类导航 　　　　　　　　D. 底部分类导航

三、判断题

（1）将不同类型商品归类在某个分类的动作叫做宝贝分类管理。　　　　　　（　　）

（2）完成切片设置后，在 Photoshop 文件菜单中选择"导出"→"存储为 Web 所用格式"选项。　　　　　　　　　　　　　　　　　　　　　　　　　　　　　　（　　）

（3）中小卖家、用户黏度不高的卖家以及偶尔浏览量不超过 10% 的卖家，应多多使用全屏轮播。　　　　　　　　　　　　　　　　　　　　　　　　　　　　　（　　）

综合实训

一、实训目的

通过综合实训学习，学生能够独立完成简易的店铺页面装修。

二、实训要求

根据网店装修技巧，完成"独衣无二"女装店铺的初步装修。

三、实训内容

任务操作 1：登录千牛工作台，单击"图片空间"选项，将商品图片和装修素材图片上传至"图片空间"对应文件夹中，如图 2-68 所示。

图 2-68　图片上传

任务操作 2：在千牛工作台首页单击"店铺"→"店铺装修"选项，进入 PC 店铺装修页面，选择"首页"→"装修页面"选项，进入首页装修页面，如图 2-69 所示。

图 2-69　PC 店铺装修页面

　　任务操作 3：单击最左侧菜单中的"模块"选项，在"基础模块"中找到"店铺招牌"模块，拖动至页头部分，单击右侧上方的"编辑"按钮。"招牌类型"选择"默认招牌"选项，不显示店铺名称，在"背景图"处选择上传至"图片空间"的店铺招牌图片，"高度"选择 120 px，最后单击"保存"按钮，完成店铺招牌的设置，如图 2-70所示。

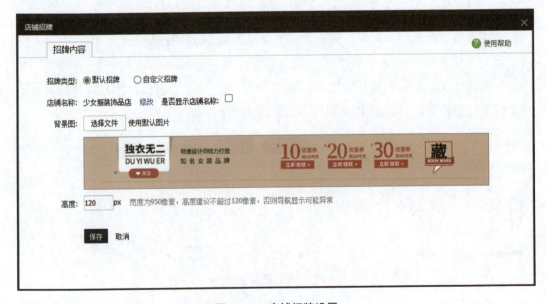

图 2-70　店铺招牌设置

　　任务操作 4：单击最左侧导航栏的"配色"选项，选择明亮红色。

　　任务操作 5：单击最左侧导航栏的"页头"按钮，"页头背景图"选择制作好的背景图，"背景显示"选择"横向平铺"，"背景对齐"选择"居中"，完成页头区基础装修，如图 2-71 所示。

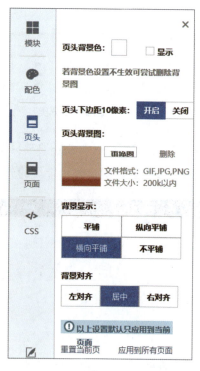

图 2-71　首页页头背景设置

任务操作 6：在千牛工作台在最左侧导航选择"店铺"→"装修管理"→"分类设置"选项，进入分类管理页面，如图 2-72 所示。

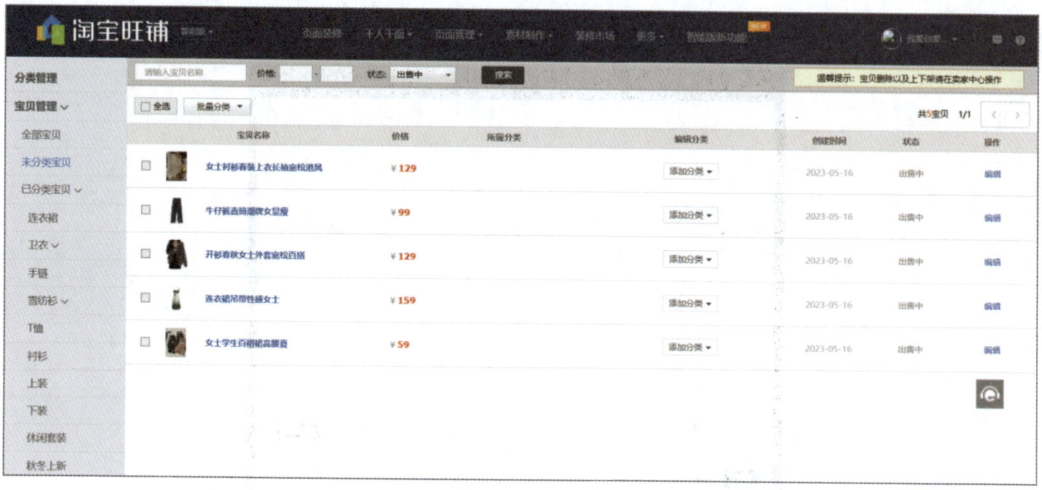

图 2-72　宝贝分类管理页面

任务操作 7：单击"添加手工分类"选项，在"分类名称"下方输入"连衣裙""上装""下装"等分类名称。注意：分类完成后记得单击右上角"保存更改"按钮，如图 2-73 所示。

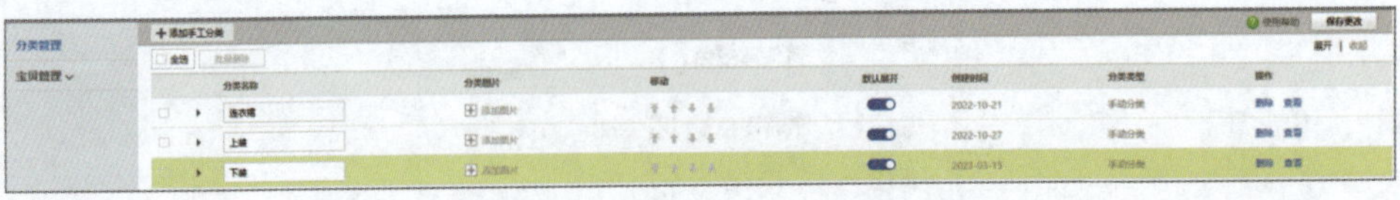

图 2-73　添加手工分类

任务操作 8：单击左侧"宝贝管理"→"未分类宝贝"选项，进行分类管理，在"编辑分类"栏进行分类，"所属分类"栏就会显示宝贝的分类，如图 2-74 所示。

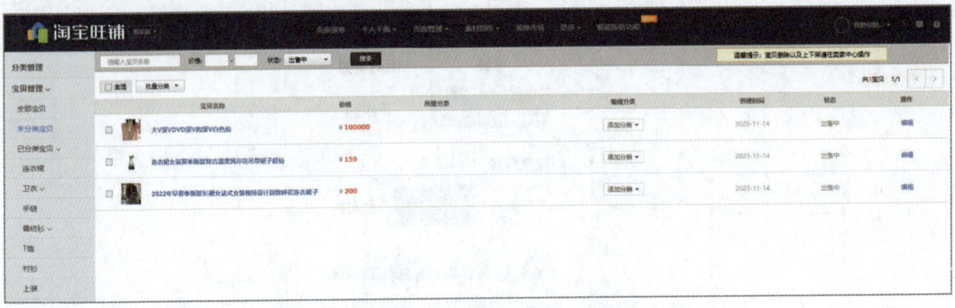

图 2-74　宝贝分类编辑页面

任务操作 9：在千牛工作台进入店铺装修的 PC 首页装修界面，单击"导航"→"编辑"选项，打开"导航"页面，单击"添加"按钮，添加导航内容，完成导航设置单击"确定"按钮，就会自动添加已选择的分类内容。单击箭头可以对导航标签的前后位置进行调整，如图 2-75 所示。

图 2-75　导航设置

任务操作 10：完成的宝贝分类导航设置效果如图 2-76 所示。

图 2-76　宝贝分类导航页面

任务操作 11：选择最左侧菜单中的"模块"选项，在"基础模块"中找到"图片轮播"选项，拖动至导航栏下方，单击右上角"编辑"按钮，打开图片轮播内容设置界面，如图 2-77 所示。

图 2-77　图片轮播内容设置

任务操作 12：单击"商品"→"商品管理"选项，在"图片空间"找到需要插入的轮播图，复制图片地址，将引用的地址粘贴到"图片地址"栏中，如图 2-78 所示。

图 2-78　复制图片地址

任务操作 13：选择"商品"→"商品管理"→"我的宝贝"选项，如图 2-79 所示，找到轮播图对应的产品图，在图片下方单击"分享"→"选择复制商品链接"按钮，然后粘贴到"链接地址"，第一张轮播图就设置好了。

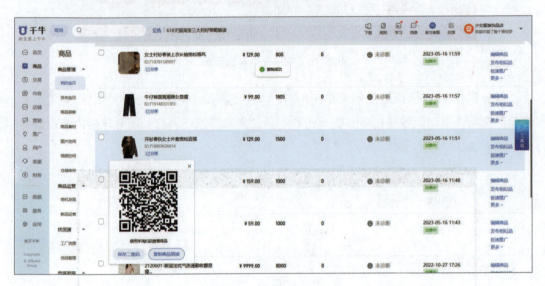

图 2-79　复制商品链接

任务操作 14：采用与上一步骤中同样的方法添加第二张轮播图片的"图片地址"和"链接地址"，完成后如图 2-80 所示。

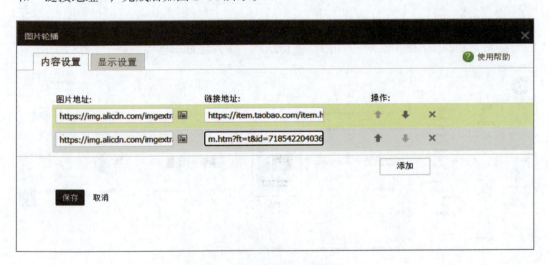

图 2-80　添加两张轮播图

任务操作 15：单击"显示设置"选项，选择不显示标题，"模块高度"选择"445 px"，如图 2-81 所示，然后单击"保存"按钮。

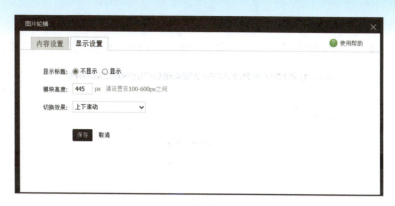

图 2-81　显示设置

任务操作 16：回到装修界面，单击"预览"按钮查看效果，如图 2-82 所示，并单击轮播图检查是否跳转到对应的商品购买页面。

图 2-82　图片轮播预览效果

任务操作 17：回到装修界面，在模块处拖动"自定义区"到图片轮播下方，单击右上角"编辑"按钮，打开"自定义内容区"窗口，如图 2-83 所示。

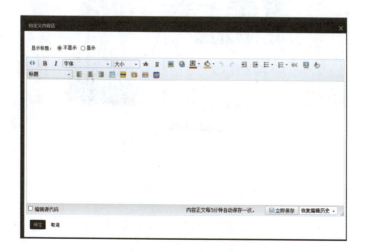

图 2-83　自定义内容区

任务操作 18：选择"插入图片"选项，选择"精选时尚款"栏目图片，如图 2-84 所示；单击"确定"按钮后自定义区域会显示插入的分栏图片，如图 2-85 所示。

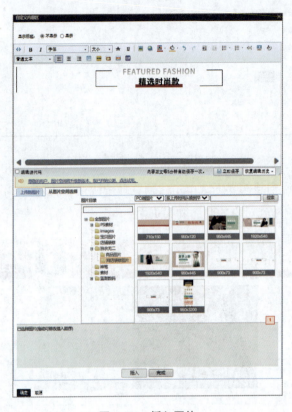

图 2-84　插入图片

图 2-85　自定义栏目标签效果

任务操作 19：在"模块"里选择"宝贝推荐"选项，拖动到栏目标签下面，打开"编辑宝贝推荐"，进行宝贝推荐设置。

任务操作 20：保存设置，预览首页装修效果，如图 2-86 所示，还可以用同样的方法进行其他栏目的设置。

图 2-86　精选时尚款栏目设置效果

任务操作 21：完成首页效果装修后，选择"备份"选项，如图 2-87 所示，以备下次还原用，同时发布店铺，查看店铺整体效果。

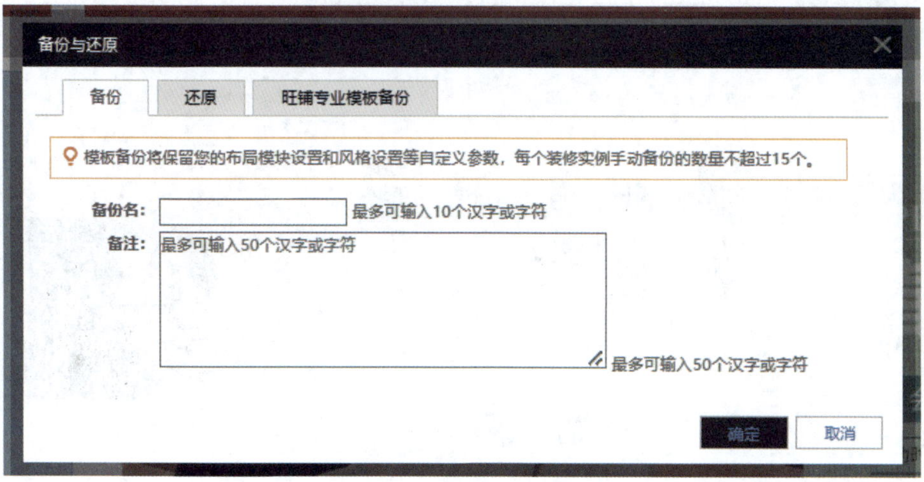

图 2-87　备份女装店首页

任务操作22：打开Photoshop，根据制作好的连衣裙详情页设计图进行切片，切片完成后将切片图上传到"图片空间"备用。

任务操作23：打开千牛工作台，选择"商品"→"我的宝贝"选项，选择连衣裙商品，在右边单击"编辑商品"选项，如图2-88所示。

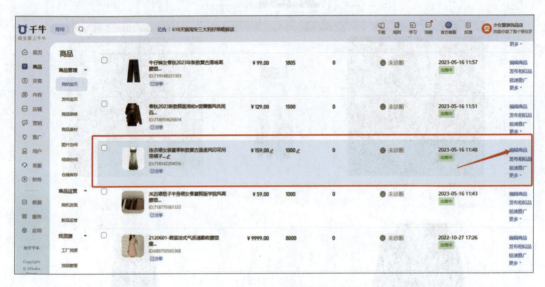

图2-88　编辑商品详情

任务操作24：在商品信息编辑页中输入要修改的商品内容，进入详情描述位置，单击图片将切好的详情页图片按顺序放入详情页编辑窗口，效果如图2-89所示，可在右侧预览窗口查看效果。完成后单击下方"提交宝贝信息"按钮。

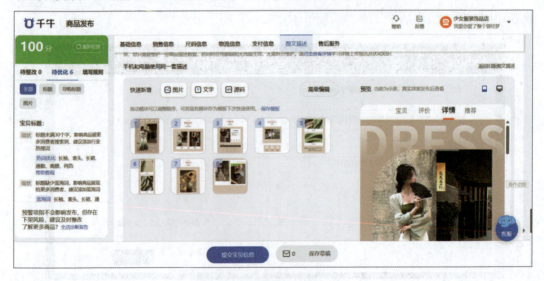

图2-89　详情描述中插入图片

任务操作 25：单击右上角的"高级编辑"按钮，可以进入详情页高级装修页面，如图 2-90 所示。

图 2-90 详情页高级装修页面

任务操作 26：为插入的图片添加文字超级链接、图片或文字说明，可在右侧选择小工具等内容，同时可以使用上下箭头移动该模块的位置，也可以复制或删除该模块。

任务操作 27：若为详情页添加优惠券，可选择"营销模块"中的"优惠券"选项，并在右侧选择展示的优惠券内容，如图 2-91 所示。

图 2-91 展示店铺优惠券

任务操作28：若为详情页添加视频展示，可选择视频模块，注意视频可以是4∶3或16∶9的尺寸，如图2-92所示。

图2-92　视频模块

任务操作29：在高级编辑中，有很多模块内容可供选择，大家可自己尝试选择模板后修改。装修完成后，回到宝贝的详情编辑页面，提交商品信息的修改，预览商品详情页即可看到整体装修效果。

任务操作30：接下来进行自定义页面的装修。打开千牛工作台，依次选择"店铺"→"PC店铺装修"→"自定义页"选项，单击"新建页面"按钮，如图2-93所示。

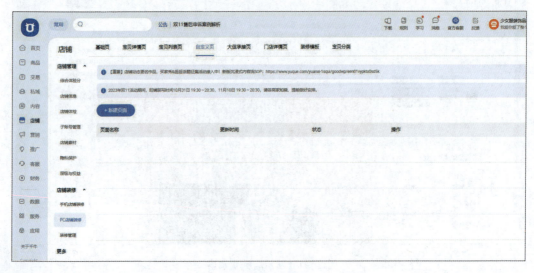

图2-93　自定义页

任务操作 31："页面内容"选择"通栏自定义页"选项，即 950 px 宽度界面装修，单击"确定"按钮，页面名称输入"会员制度"，如图 2-94 所示。

图 2-94　新建会员制度页面

任务操作 32：在页面的"自定义内容区"单击"编辑"按钮，插入"图片空间"中的图片，效果如图 2-95 所示。

图 2-95　会员制度装修

单元3 使用生成工具装修店铺

【项目介绍】

淘宝默认的模块只能提供950 px宽度的布局单元，如果要做1 920 px的全屏轮播或全屏页面装修，需要智能版的新功能全屏轮播或全屏宽图。但是这两个模块对图像有高度限制，这就难以完成一些个性化页面的首页装修，因此需要用户自己编写HTML语言代码或利用CSS样式完成装修，这就对用户的计算机语言编程知识提出了一定要求。本单元主要讲解如何利用网络的一些免费代码生成工具帮助用户完成个性化店铺的装修。

【学习目标】

知识目标

- 了解网络免费代码生成工具的相关知识点，包括店招的超级链接及收藏、导航CSS样式调整、全屏轮播、去间隙方法、通栏模块、自定义模块、开关灯特效、十二宫格卡盘效果等。

技能目标

- 学习使用网络的免费代码生成工具。
- 学会使用热区工具完成店招的超级链接及收藏。
- 掌握导航CSS样式调整。
- 熟悉全屏轮播、去间隙方法、通栏模块的使用。
- 能够完成自定义模块、开关灯特效、十二宫格卡盘效果的编辑等。

素质目标

- 培养与时俱进的学习能力。

【思维导图】

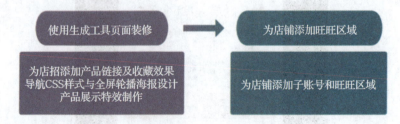

任务 3.1 使用生成工具页面装修

任务描述

不同的淘宝店铺有着不同的设计思路，想要在众多的同类网店中脱颖而出，需要有一些别出心裁的设计提高店铺的美观度。在店铺装修时，卖家可借助在线代码生成工具进行店铺装修，从而提高店铺整体的视觉效果。

本任务的工作内容有：

（1）能够使用码工助手为个人店铺的店招添加产品链接及收藏效果。

（2）能够使用码工助手完成个人店铺的导航 CSS 样式设计。

（3）能够使用码工助手完成个人店铺全屏轮播海报的样式设计。

（4）能够使用码工助手完成个人店铺的开关灯特效及十二宫格卡盘特效的制作。

（5）能够使用码工助手完成个人店铺通栏效果的设计。

（6）能够使用码工助手完成个人店铺首页的去间隙处理。

任务分析

为店招添加热区链接，要选择码工助手中的电商通用热区工具，该工具可以快速设置链接跳转、热区数量、范围；对店铺的导航条进行 CSS 样式设计，要选择淘宝 / 天猫导航 CSS 编辑器；对全屏轮播海报进行设计，可以选择轮播工具；制作产品展示特效时，在码工助手网页中搜索对应的特效名称。

知识储备

3.1.1 为店招添加产品链接及收藏效果

本节以一家服饰店铺的店招为例，来说明如何为店招添加商品链接及收藏效果。

热区工具的
使用

（1）打开 Photoshop，执行"文件"→"新建"菜单命令或按快捷键"Ctrl+N"，淘宝默认的店招有效内容展示区为 950 px×120 px，根据淘宝平台的尺寸规格，新建 950 px×120 px 的画布，如图 3-1 所示。

（2）在画布上可以设计一些店铺动态、促销信息、优惠券、店铺收藏等信息，如图 3-2 所示。一般来说，店招左侧一般设计为品牌 LOGO、品牌信息、店铺名称等，右侧则设计为一些促销商品、店铺资质或店铺收藏等。

（3）店招设计完成后，接下来进行店招装修。从千牛客户端或淘宝网个人中心进入淘宝网店铺后台，进入"图片空间"，上传需要的店招图片。

图 3-1　新建店招画布

图 3-2　店招内容部分设计

（4）图片上传之后便开始装修，单击"店铺"→"PC 店铺装修"→"装修页面"
选项，进入店铺装修主界面，如图 3-3 所示。

图 3-3　店铺装修主界面

（5）鼠标移动到店招区域时，会出现一个阴影的遮罩效果，表示该页面已经进
入编辑状态，单击遮罩效果右上角的"编辑"按钮，进入店招的装修页面，如图 3-4
所示。

（6）"招牌类型"选择"自定义招牌"，如图 3-5 所示。根据此图片，我们来认识
一下装修界面中常用的功能，以序号为代表。

图 3-4　店招装修页面

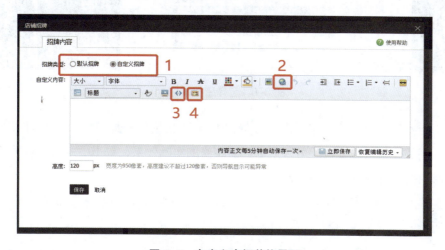

图 3-5　自定义店招装修界面

1：表示"店招的类型"。"默认招牌"代表系统自带的店招；"自定义招牌"是指自己编写代码或图片来完成装修，这是卖家使用最多的装修类型。这里主要讲解自定义招牌的装修。

2：代表"超链接"选项，使用的前提是选中并单击图片，弹出超链接地址，输入要链接的网址即可实现单击图片时的跳转功能。

3："视图转换"选项，单击它可以在图片视图和代码视图中来回切换。

4："图片空间"选项，单击之后，在该对话框下方弹出"图片空间"的文件，我们就是在这里将上传的图片选择到装修区域中的。

最后，在"招牌类型"下方，有一行"自定义内容区"，我们可以在该装修区域输入文字，而且可以对输入的文字进行各种编辑。

（7）单击自定义店招装修界面中的"图片空间"选项，如图 3-6 所示。选择好相应的图片，单击"插入"按钮，即可将需要的图片添加到装修区域中。

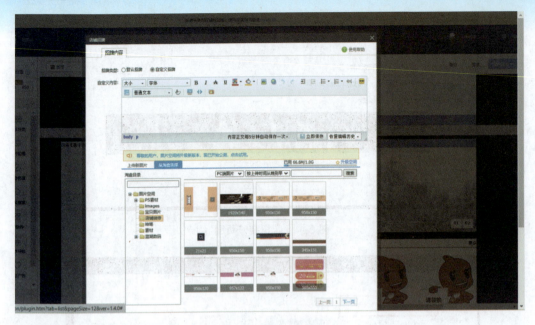

图 3-6　选择店招图片

（8）店招装修完成后，单击左下方的"保存"按钮，页面跳转到店铺装修的主页，单击右上侧的"预览"按钮，可以预览页面装修的实际效果，单击"发布站点"按钮即可将装修的内容发布到淘宝网中，供消费者查看。

（9）为了完成后面店招中的广告商品链接，在商品中要事先发布手链商品，如图 3-7 所示。

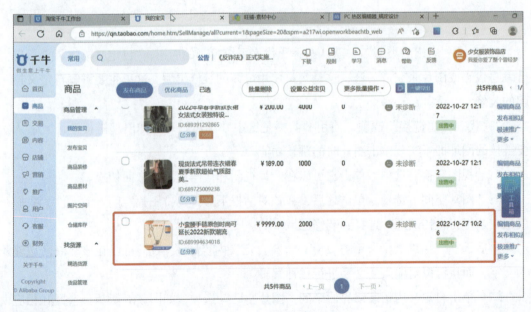

图 3-7　发布手链商品

（10）接下来为店招添加热区链接。选择码工助手中的"电商通用热区工具"，该工具可以快速设置链接跳转、热区数量、范围，支持淘宝/天猫/京东/1688平台，如图3-8所示。

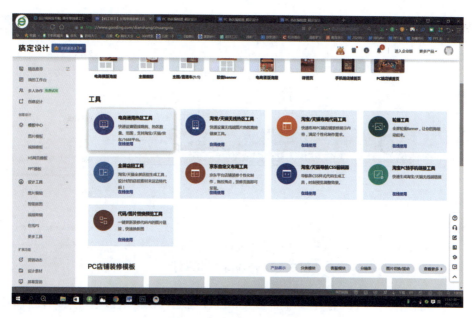

图 3-8　电商通用热区工具

（11）打开热区工具后选择"淘宝"，在"图片链接"中输入"图片空间"中店招的图片链接地址，网页会自动显示其尺寸为 950 px×120 px，如图 3-9 所示。

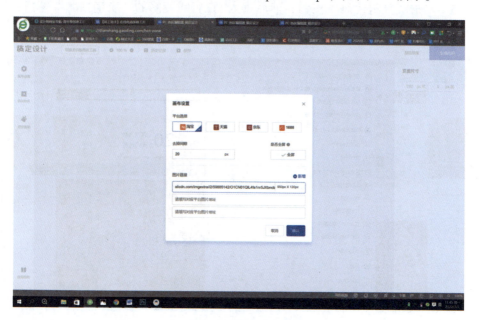

图 3-9　热区图片链接输入

（12）单击"确认"按钮，进入热区设置界面，选择左侧"添加热区"选项，将蓝色热区放置在第一个链接图片上，并将商品的淘宝链接地址粘贴到右侧的"链接"框中，"描述"项选择为"时尚手链"，"打开方式"选择"新窗口"，如图3-10所示。

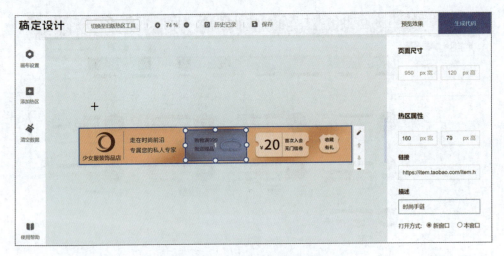

图3-10 添加商品热区链接

（13）接下来为"收藏有礼"添加热区和链接地址。收藏链接地址可以在店铺浏览的"进入店铺"按钮下方"收藏店铺"处单击右键复制链接地址获得，如图3-11所示。整个店招的热区链接设置好后如图3-12所示。

（14）单击右上角的"生成代码"按钮，系统会自动生成如图3-13所示代码。

（15）单击"复制代码"按钮，然后进入PC店铺装修的"店铺招牌"窗口，将代码粘贴到"自定义内容"区，如图3-14所示。

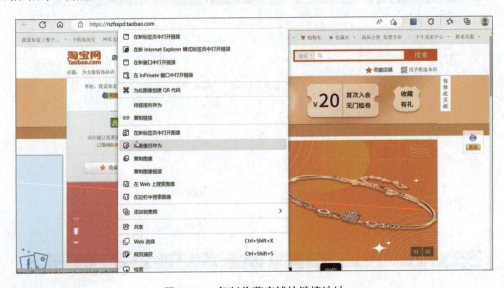

图3-11 复制收藏店铺的链接地址

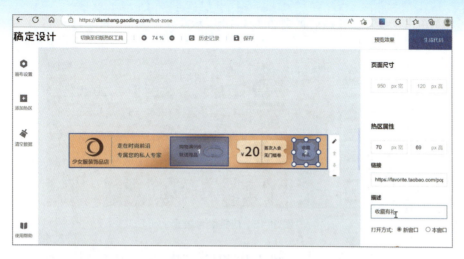

图 3-12　收藏店铺热区设置

图 3-13　生成代码

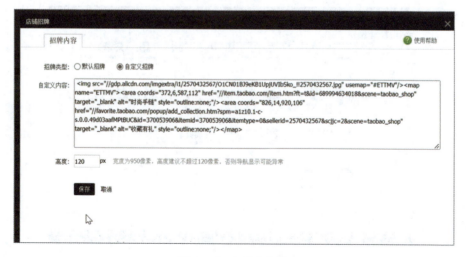

图 3-14　自定义招牌

（16）单击"保存"按钮后得到如图 3-15 所示效果。

图 3-15　店招装修效果

（17）单击"预览"或"发布站点"按钮，查看店招的链接及收藏效果是否正确跳转到对应商品或收藏对话框。

3.1.2　导航 CSS 样式与全屏轮播海报设计

1. 认识导航 CSS 代码

在千牛工作台中，对于系统自带的导航条，卖家只能修改导航条的分类，如果要为导航条更换颜色和样式，需要一些 CSS 代码。

CSS 也叫层叠样式表单，是用于（增强）控制网页样式并允许将样式信息与网页内容分离的一种标记性语言。淘宝后台给予店铺导航开放 CSS 设定，是为了让卖家利用 CSS 代码来更换导航条的颜色和样式，从而设计出更加富有个性的导航条。

导航 CSS
样式调整

2. 导航 CSS 样式设计

（1）打开码工助手页面，选择工具"淘宝 / 天猫导航 CSS 编辑器"，如图 3-16 所示。

图 3-16　码工助手

（2）打开 Photoshop，用滴管工具吸取首页导航中鼠标经过的咖色，打开"拾色器"页面，复制其 16 进制颜色值"6f4935"，如图 3-17 所示。

图 3-17　复制 16 进制颜色值

（3）在码工助手的 CSS 编辑器窗口先完成"所有分类"的设置。"［默认］字体颜色"和"［经过］字体颜色"均为白色，"［默认］背景颜色"为黑色，将"［经过］背景颜色"设置为咖色，如图 3-18 所示。

图 3-18　设置所有分类

（4）对"当前页"进行设置，修改"当前页 – 文字颜色"为白色，"当前页 – 背景颜色"为咖色，如图 3-19 所示。

图 3-19　设置当前页

（5）对"导航菜单"进行设置，"［经过］字体颜色"设置成白色，"［经过］背景颜色"要设置成刚才复制的咖色，其他内容可根据需要进行修改，这里将"［整体］背景颜色"修改成了橙黄色，如图3-20所示。

图 3-20　设置导航菜单

（6）将所有"一级下拉菜单"的"［默认］文字颜色""［经过］文字颜色"都改成咖色，如图3-21所示。

图 3-21　设置一级下拉菜单

（7）将所有"二级下拉菜单"的"［默认］文字颜色""［经过］文字颜色"都改成咖色，如图3-22所示。

图 3-22　设置二级下拉菜单

（8）单击"切换到预览"按钮，查看导航条预览效果，如图 3-23 所示。

图 3-23　导航预览设置效果

（9）单击右上角"生成代码"按钮，得到如图 3-24 所示代码窗口，复制代码。

图 3-24　生成代码

（10）复制代码后，进入店铺首页装修的"导航"编辑界面，单击"显示设置"按钮，按住"Ctrl+V"将代码粘贴，如图 3-25 所示。

图 3-25　导航显示设置

（11）单击"确定"按钮后发布站点，查看导航条效果，正常为橙黄色背景，白色字体显示，鼠标经过是咖色背景显示，如图3-26所示。

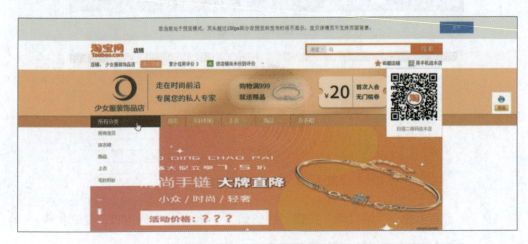

图3-26　导航发布后预览效果

3. 全屏轮播海报设计

全屏轮播海报设计，常规的海报宽度是固定的1 920 px，淘宝、天猫有效的视觉范围分别为950 px（淘宝）和990 px（天猫），因此设计时的主题内容要尽可能地排版在这个范围内。淘宝、天猫系统的海报高度均默认为100~600 px。如果卖家想要更精美的效果，可以使用代码来进行装修。

全屏轮播
海报

使用码工助手装修全屏轮播海报的具体操作如下。

（1）将海报上传至"图片空间"，进入店铺装修页面，点击"模块"选项，在打开的面板中选中"自定义区"模块，按住鼠标左键不放，将其拖动到右侧导航条下方，如图3-27所示。

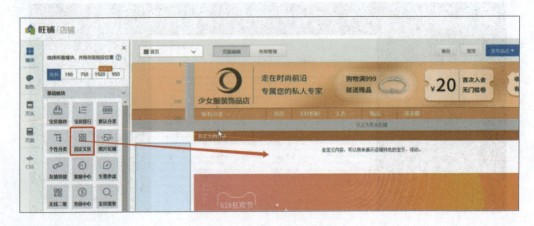

图3-27　添加自定义区

（2）打开码工助手，选择如图 3-28 所示的"轮播工具"。选择工具的时候可以参考平台对工具的解释，可看到平台对轮播工具的定义是"全屏轮播 Banner，让你的海报动起来"。

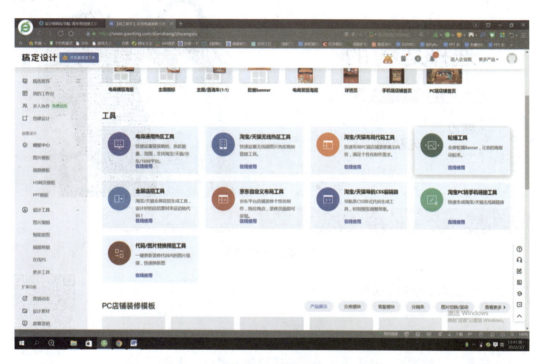

图 3-28　轮播工具

（3）在轮播工具设置窗口选择两张轮播图片（事先已上传至"图片空间"），并设置好对应的链接地址，设置完成后单击右上角"生成代码"按钮，选择"淘宝"平台，并复制代码粘贴到"自定义内容"中，如图 3-29 所示。

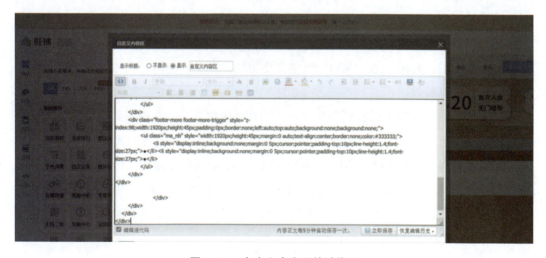

图 3-29　自定义内容区粘贴代码

（4）单击"确定"按钮后预览查看全屏轮播效果，如图 3-30 所示。

图 3-30 预览效果

3.1.3 产品展示特效制作

1. 装修特效制作

不同的淘宝店铺有着不同的设计思路，想要在众多的同类网店中脱颖
而出，需要有一些别出心裁的设计来提高店铺的美观度。比如可以在店铺
装修时适量地添加部分特效，从而提高店铺整体的视觉效果。常见的特效包括开关灯特
效和十二宫格卡盘效果。

无论是开关灯特效还是十二宫格卡盘效果，想要从千牛工作台进行设置还是比较复
杂困难的，卖家可以利用码工助手等装修工具实现比较简单的特效设置。码工助手可以
减少编码的流程，对于新手来说非常实用。卖家在进行网店装修时，可以积极运用这些
网络装修工具，增加店铺的视觉体验。

接下来我们一起来学习这两种特效的制作方法。

（1）开关灯特效。

开关灯特效指的是鼠标放到图片上面，图片会随之变亮，其他图片会变暗，有一种
开灯的效果。可实现图片颜色变化的功能（变黑 / 变白）即开关灯特效。

①事先准备好相关的素材图片，并通过 Photoshop 制作好提前上传至"图片空间"。
在轮播图下拖入"自定义区"，单击"编辑"按钮，选择插入的图片，选择"店长推
荐"分栏图片，插入图片并单击"确定"按钮。然后在该分栏下方再拖入一个"自定义
区"，用来放置开关灯特效图片，如图 3-31 所示。

装修特效
制作

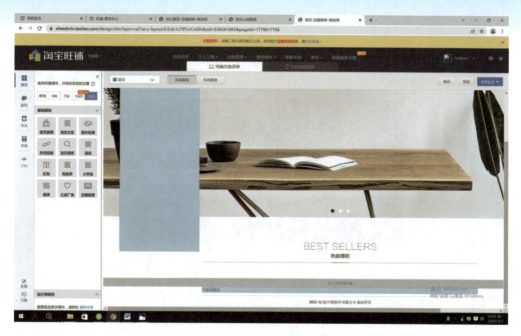

图 3-31　店长推荐分栏效果

②进入"开关灯效果配置"页面（https://dianshang.gaoding.com/toolold/active_kgd.html），选择"淘宝专业版"，在图片空间中复制 6 张商品图的链接，并从出售中的宝贝中复制商品链接，设置好对应的宝贝购买链接，这样当点击图片的时候，就会自动跳转至对应的宝贝链接，如图 3-32 所示。

图 3-32　开关灯效果配置页面

③单击"预览效果"按钮，得到如图 3-33 所示效果图。

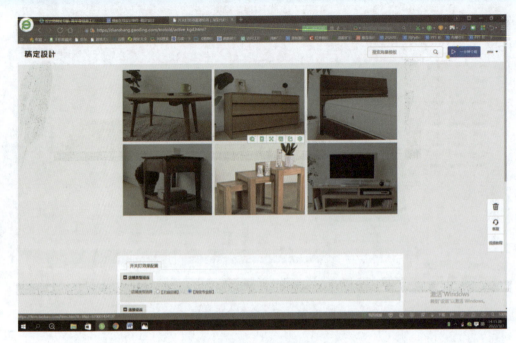

图 3-33　效果预览

④确认预览效果无误后，单击下方"生成代码"按钮，复制粘贴到分栏图下方的自定义内容区中，如图 3-34 所示。

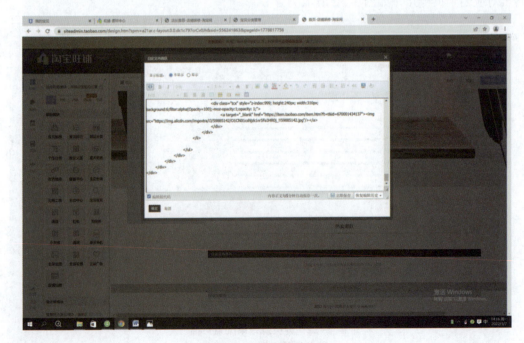

图 3-34　复制粘贴代码

⑤单击"确定"按钮预览效果，如图 3-35 所示。

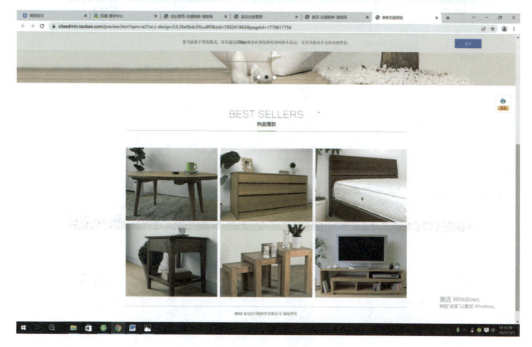

图 3-35　预览效果

（2）十二宫格卡盘特效。

①准备好 12 张商品图片，并上传到"图片空间"。在前面任务制作好的通栏模块下方拖动"自定义区"，将"图片空间"的"店长推荐"分栏模块装修好，效果如图 3-36 所示。

图 3-36　店长推荐分栏模块

②进入"十二宫格卡盘特效"页面（https：//dianshang.gaoding.com/toolold/active_picbox.html），在"轮播器设置"中设置好 12 张轮播图的"图片地址"和"链接地址"，如图 3-37 所示。

③其他内容自己根据需求修改，然后预览效果，生成代码，如图 3-38 所示。

④按照前面讲解的方法，将代码复制到自定义内容区，如图 3-39 所示。

⑤单击"确定"按钮预览首页装修效果，如图 3-40 所示。

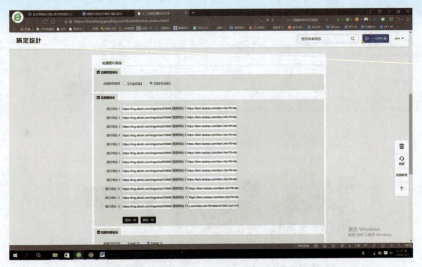

图 3-37　轮播图片添加

图 3-38　生成代码

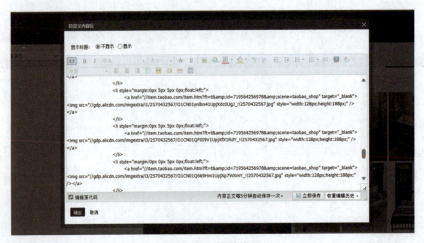

图 3-39　粘贴代码

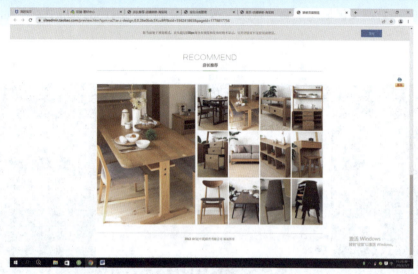

图 3-40　预览效果

2. 通栏效果

添加通栏效果的图片其宽度可以达到 1 920 px，这样的图片会与页面其他区域的图片产生较为强烈的对比，从而吸引买家的注意力。一般来说，通栏效果大多在页头，内页的顶部与底部以及页尾部分。

通栏效果
制作

我们一起来学习一下如何制作通栏效果。

（1）用 Photoshop 制作好一个通栏图片，尺寸是 1 920 px 的通栏大图或者可以在首页中事先裁切好。

（2）拖动一个"自定义区"，选择插入"图片空间"中的通栏图片，如图 3-41 所示。

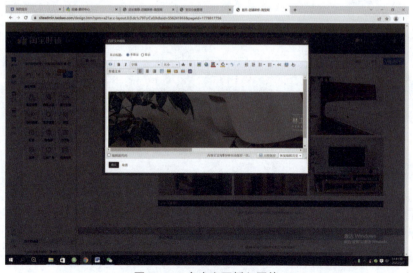

图 3-41　自定义区插入图片

（3）选择自定义区域左上角"代码"按钮，复制插入图片的原始代码，如图3-42所示。

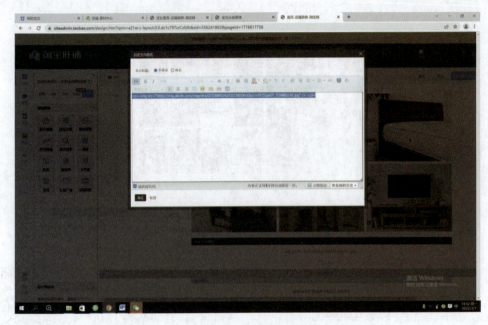

图3-42　复制原始代码

（4）进入"店铺通栏配置"页面（https：//dianshang.gaoding.com/toolold/active_nomo.html），"店铺类型"选择"淘宝店"，图片尺寸为1 920 px×309 px，将步骤（3）复制的原始代码粘贴到"原始代码区"，同时去掉20 px的模块之间间隙，如图3-43所示。

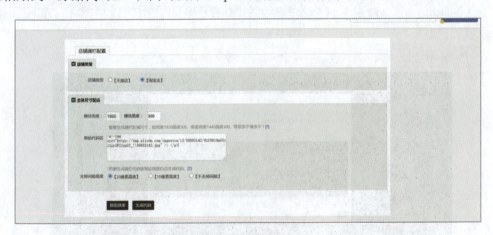

图3-43　通栏配置

（5）单击"生成代码"按钮，复制粘贴到自定义内容区代码窗口，单击"确定"按钮后预览效果，如图3-44所示。

图 3-44　预览效果

3. 去间隙效果

去间隙效果

日常生活中浏览网店时，可以发现在图片区域会出现不同图片间存在间隔的现象，即不同模块或图片间存在间隙。通过对间隙大小的处理，可以使图片组合呈现不一样的效果。

对于间隙的处理，主要分为大小处理与去间隙处理。大小的处理主要应用于店铺首页中，其主要作用是区分不同模块。在店铺首页中，会添加大量的模块，尤其是在内页部分，包括轮播区、热卖商品区、促销区等，每个区域又会包含部分商品。为了使不同模块的商品图片有所区分，所以就设置了带有间隙效果的图片。

在详情页、自定义页等页面中，当图片带有间隙效果时，就会使图片之间的连接出现空白，除了以白色、灰色等色彩为主色调的页面外，其他页面会显得连接不顺，这种感觉在色彩鲜艳的页面中尤为明显。所以，为了使模块、图片之间的视觉效果更佳，需要对图片的间隙进行处理。

接下来，我们一起来学习如何对图片的间隙进行修改。

（1）将页面背景设置为黑色，仔细观察，会发现模块与模块之间会有大概 20 px 左右的空隙，如图 3-45 红色箭头所示。

（2）使用码工助手（https：//dianshang.gaoding.com/toolold/active_cut.html）去除间隙。

①仍然复制该自定义内容区的插入图片的原始代码，进入如图 3-46 所示界面。

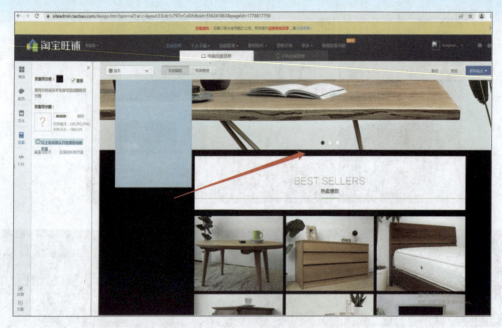

图 3-45　红色箭头所示模块间隙

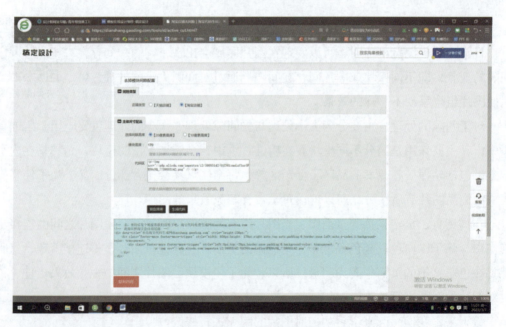

图 3-46　去模块间隙配置

②"店铺类型"选择"淘宝店铺"；去间隙 20 px；模块高度即图片高度，输入"170"；"代码区"输入自定义内容区插入图片的原始代码，单击"生成代码"按钮以后再重新复制粘贴到自定义内容区代码窗口，如图 3-47 所示，蓝色选中部分 top 就是 –20 px，如果需要将间隙修改为其他值，可以直接修改。

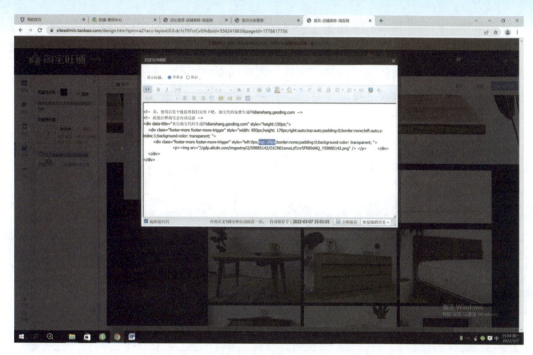

图 3-47　粘贴代码

（3）单击"确定"按钮，预览效果图如图 3-48 所示。如图中红色箭头所示，模块之间的间隙被去掉了。此处的黑色背景是为了演示效果用，当去间隙效果设置完成后，就可以将黑色背景改回原来的背景色彩。

图 3-48　效果预览

通过码工助手设置去间隙效果，可以调整间隙的大小，使不同模块的搭配呈现不同的效果。间隙的大小不同，页面展现效果也会存在较大差距，所以如何利用好模块间隙的大小是店铺细节装修的重要内容。在选择模块间隙大小时，可以从页面、模块、内容等多方面入手，通过对多个维度的考量，合理调整模块的间隙。

任务实施

请根据任务描述中的工作内容，将任务实施过程中的关键讨论点及执行点进行记录（表 3-1、表 3-2）。

表 3-1　任务讨论记录

任务讨论	讨论记录

表 3-2　任务执行记录

任务执行	执行记录

任务评价（表 3-3）

表 3-3　使用生成工具页面装修任务评价

评价任务	评价标准	评价结果	
		完成	未完成
为店招添加产品链接及收藏效果	能够正确地为店招添加产品链接		
	能够正确地为店招添加收藏效果		

续表

评价任务	评价标准	评价结果	
		完成	未完成
导航 CSS 样式设计与全屏轮播海报样式设计	能够完成导航 CSS 样式设计		
	能够完成全屏轮播海报样式设计		
产品展示特效制作	能够完成开关灯特效制作		
	能够完成十二宫格卡盘特效制作		
	能够完成通栏效果设计		
	能够完成去间隙效果处理		

任务 3.2　为店铺添加旺旺区域

任务描述

网店客服可以与消费者直接对话，承担着买卖双方信息交换的重任，已经逐渐成为连接网店与消费者的一座桥梁，其工作的好坏直接关系到店铺形象，会影响店铺的成交率与消费者复购率。所以网店的账号管理与旺旺区域的设计对网店发展有着重要的作用。

本任务的工作内容有：

（1）根据子账号的设置流程，完成个人店铺的子账号设置。

（2）根据旺旺区域的设计方法，完成个人店铺旺旺区域的设计。

任务分析

"多店绑定"功能可以实现主店绑定多家分店，解决跨店铺的管理问题，最多可绑定 1 000 家分店；在子账号管理后台，卖家可以新增部门并自定义岗位，创建员工子账号；装修网店时可以通过添加自定义模块，制作个性化的客服中心，把开启旺旺对话的入口单独放在醒目的位置。

知识储备

3.2.1 为店铺添加子账号和旺旺区域

1. 添加子账号

认识子账号

在店铺添加
子账号

（1）子账号开通步骤：启动浏览器，打开淘宝网首页，登录千牛工作台，单击左侧"店铺"→"子账号管理"选项，或者在浏览器地址栏输入子账号首页网址并打开。不同信誉级别的淘宝卖家、天猫商家、品牌商/供应商、摄影市场服务商，子账号有不同的免费数额，以子账号首页显示数量为准，如图3-49所示。

图 3-49　子账号开通

（2）开启子账号后，如果不想继续使用了可以关闭，单击页面右上角的"设置"按钮，选择"关闭子账号"选项即可，如图3-50所示。

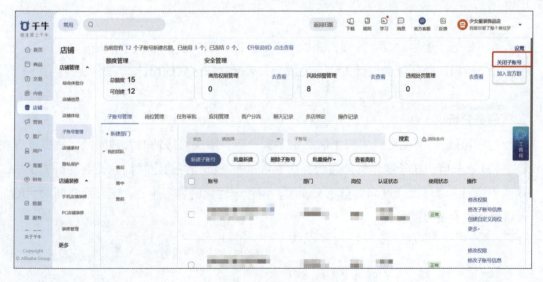

图 3-50　关闭子账号

（3）创建子账号分为 4 步：设置部门结构→添加员工→修改岗位权限→设置旺旺分流。子账号的操作方法、实人认证流程等，在子账号首页有相关提示和超链接入口，建议卖家花费时间认真查看学习并根据步骤设置。

子账号认证和安全设置

2. 添加旺旺区域

在店铺页面中，旺旺区域大多位于页面的最后部分，即内页的底部区域。这样设计的根据是买家的浏览习惯，因为旺旺区域最大的作用就是为买家解决问题，而买家的问题大多来自对商品、活动、优惠的疑问和退换货等，这就要求这些内容需要在旺旺区域之前，方能有利于对买家浏览过程中产生的问题进行解答。

客服区给客户提供解答和售后等服务，设计时需要注意 3 个要点：保持旺旺头像图标为 16 px × 16 px；客服区域设计要醒目，方便顾客点击；文字与素材的结合要适度。

接下来我们来看一下店铺旺旺区域的添加步骤。

为店辅添加旺旺区域

（1）打开"在线旺旺代码"页面（https://dianshang.gaoding.com/toolold/active_ww.html），输入旺旺子账号，如图 3-51 所示。

图 3-51　在线旺旺代码生成

（2）单击"生成代码"按钮，在代码中生成该账号的链接，复制链接地址备用，如图 3-52 所示。用同样的方法将其他两个子账号的链接地址整理到文档中存储备用。

（3）打开码工助手的"电商通用热区工具"，选择"淘宝"平台，去间隙 20 px，在"图片链接"复制阿里旺旺装修图片的地址，如图 3-53 所示。

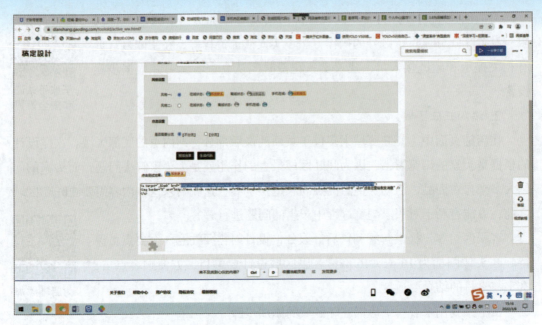

图 3-52 生成代码

图 3-53 画布设置

（4）确认以后在装修图片中添加链接地址，将 3 个子账号的"链接地址"粘贴到对应的三个热区，如图 3-54 所示。

（5）单击右上角"生成代码"按钮，复制代码粘贴到店铺首页的自定义内容区，如图 3-55 所示。

（6）预览店铺首页效果，单击阿里旺旺区域，窗口提示是否需要打开应用程序，单击"是"选项，对应的子账户客服就会为你服务，如图 3-56 所示。

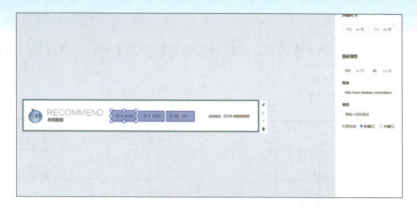

图 3-54　热区工具添加链接

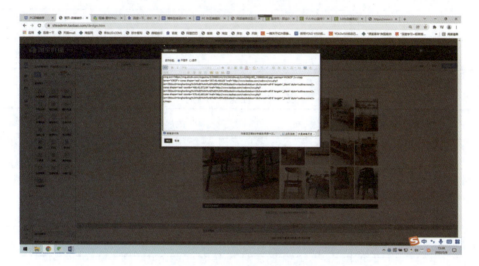

图 3-55　自定义内容区

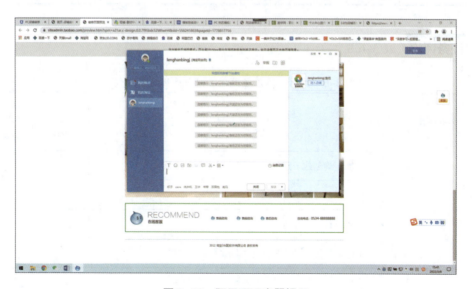

图 3-56　阿里旺旺客服提示

任务实施

请根据任务描述中的工作内容，将任务实施过程中的关键讨论点及执行点进行记录（表3–4、表3–5）。

表 3–4　任务讨论记录

任务讨论	讨论记录

表 3–5　任务执行记录

任务执行	执行记录

任务评价（表3–6）

表 3–6　为店铺添加子账号和旺旺区域任务评价

评价任务	评价标准	评价结果	
		完成	未完成
为店铺添加子账号	能够正确创建子账号		
	能够正确开通子账号的"多店绑定"功能		
	能够进行客服分流		
为店铺添加旺旺区域	能够使用码工助手为旺旺区域添加热区链接		

📄 思政园地

巧用智能工具，培养设计思维

　　鹿班是阿里巴巴推出的智能设计平台，基于算法和大量数据训练，鹿班的设计水平已经非常接近普通设计师，能让商家"不会设计也会作图"。鹿班平均 1 秒钟就能完成 8 000 张海报设计。

　　鹿班平台提供了各种模板。据了解，目前已经开放母婴玩具、美妆、手机数码三个行业，后续将会开放更多行业。在智能生成栏目，点击常用场景，选择商品主图，商家只要上传商品尺寸、图片、文案等，即可智能生成数张海报。

　　鹿班不仅是设计师脑力的衍生，也是体力的托管。鹿班拥有一键生成、智能排版、设计拓展、智能创作的能力。除此之外，鹿班还拥有"一键抠图"的黑科技，完全不输 Adobe 的能力。而且，鹿班还拥有智能文案、颜色识别、风格处理、清晰处理等多项功能，满足客户多样化需求。

　　在 2019 年"双 11"当天，鹿班就疯狂"制作"了 10 亿张图片。升级后的鹿班不仅能快速制作图片，还能针对新老客户、不同季节、不同性别，生成不同的设计图。

　　除了为天猫、淘宝平台提供服务之外，鹿班还通过阿里云全面为各行业客户输出 AI 设计能力。鹿班将各类成图设计，通过内容、视觉、结构几大维度进行标注和分析，建立对于构图、配色、搭配和文案几个方面在设计元素级别的认知。通过对千万套营销设计图片的全方位分析，鹿班建立了国内最大的营销类图片的知识图谱库。

　　基于深度学习的智能设计算法，鹿班改变了传统的图片设计流程。用户可以仅通过输入想达成的设计风格和图片尺寸，即可由鹿班代替人工完成素材分析、抠图、配色、排版等耗时耗力的设计工作。

　　但是，真正的创意和想象力是需要人类设计师来发挥的，这些能力是人工智能无法替代的。人工智能在设计中的作用是辅助设计师进行创意和想象力的发挥。例如，通过自动生成大量设计方案来激发设计师的灵感，或者使用机器学习技术来帮助设计师更好地理解用户需求。设计师需要不断挑战自己的思维方式，创造出独特的设计方案和创意，以满足客户的需求和创造出更好的用户体验。

知识与技能训练

同步测试

一、单项选择题

（1）以下产品展示特效中，能够实现图片颜色变化功能的是（　　　）。

A. 开关灯特效　　　　　　　　　　B. 十二宫格卡盘特效

C. 通栏效果　　　　　　　　　　　D. 去间隙效果

（2）创建子账号的正确流程为（　　）。

①设置部门结构　②修改岗位权限　③设置旺旺分流　④添加员工

A. ①②③④　　　　　　　　　　　B. ①④②③

C. ①④③②　　　　　　　　　　　D. ④①②③

二、多项选择题

（1）在店铺页面中加入通栏效果会使画面更加美观，但并不是所有的区域都适合设计通栏效果。一般来说，通栏效果大多设置在（　　）。

A. 页头　　　　　　　　　　　　　B. 内页的顶部与底部

C. 页中　　　　　　　　　　　　　D. 页尾部分

（2）通过对间隙大小的处理，可以使图片组合呈现不一样的效果，间隙的处理方式有（　　）。

A. 大小处理　　　　　　　　　　　B. 高低处理

C. 去间隙处理　　　　　　　　　　D. 无法处理

三、判断题

（1）制作产品展示特效时，需将提前准备好的产品图片上传至"图片空间"。（　　）

（2）使用通栏效果后，图片的尺寸会发生变化，所以需要避免因尺寸变化引起的图片内容变化。　　　　　　　　　　　　　　　　　　　　　　（　　）

（3）选择模块间隙大小时，需要从页面、模块、内容等多方面入手，通过对多个维度的考量，合理调整模块的间隙。　　　　　　　　　　　　　　　（　　）

综合实训

一、实训目的

通过综合实训学习，学生能够使用生成工具装修店铺。

二、实训要求

使用生成工具，完成瑞舒家居网店的装修，主要包括：

（1）为店招添加产品链接。

（2）设计导航 CSS 样式。

（3）设置全屏轮播海报。

（4）设置开关灯特效及十二宫格卡盘特效。

（5）设置通栏效果。

（6）进行去间隙操作。

（7）为店铺添加旺旺区域。

三、实训内容

任务操作 1：登录千牛工作台，单击"图片空间"选项，将事先设计好的店招图片上传至"图片空间"对应文件夹中。

任务操作 2：为了完成后面店招中的广告商品链接，在商品中要事先发布一个家居产品双人床。

任务操作 3：打开码工助手，选择"电商通用热区工具"，该工具可以快速设置链接跳转、热区数量、范围，支持淘宝 / 天猫 / 京东 /1688 平台。

任务操作 4：打开热区工具后选择"淘宝"平台，输入"图片空间"中店招的图片链接地址，网页会自动显示其尺寸为 950 px × 120 px，如图 3-57 所示。

图 3-57　热区图片链接输入

任务操作 5：单击"确认"按钮，进入热区设置界面，选择左侧"添加热区"选项，将蓝色热区放置在链接图片上，并将商品的淘宝链接地址粘贴到右侧的"链接"框中，"描述"项选择"床"，"打开方式"选择"新窗口"，如图 3-58 所示。

任务操作 6：单击"保存"按钮后得到店铺招牌显示效果，并单击"预览效果"或"发布站点"按钮，查看店招的链接是否正确跳转到对应商品。

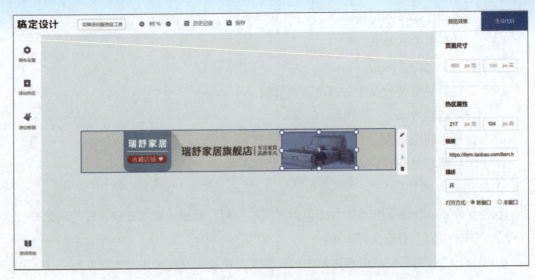

图 3-58　为产品添加热区

任务操作 7：打开码工助手页面，选择工具"淘宝 / 天猫导航 CSS 编辑器"。

任务操作 8：打开 Photoshop，用滴管工具吸取首页导航中鼠标经过的深蓝色，打开"拾色器"，复制其 16 进制颜色值"2c5990"，如图 3-59 所示。

图 3-59　选取颜色

任务操作 9：在码工助手的 CSS 编辑器窗口先完成"所有分类栏"设置，"［默认］字体颜色"为白色，"［经过］字体颜色"为黑色，"［默认］背景颜色"为天蓝色，"［经过］背景颜色"为白色，如图 3-60 所示。

任务操作 10：对"当前页"进行设置，修改"当前页 – 文字颜色"为白色，"当前页 – 背景颜色"为天蓝色，如图 3-61 所示。

图 3-60 所有分类栏设置

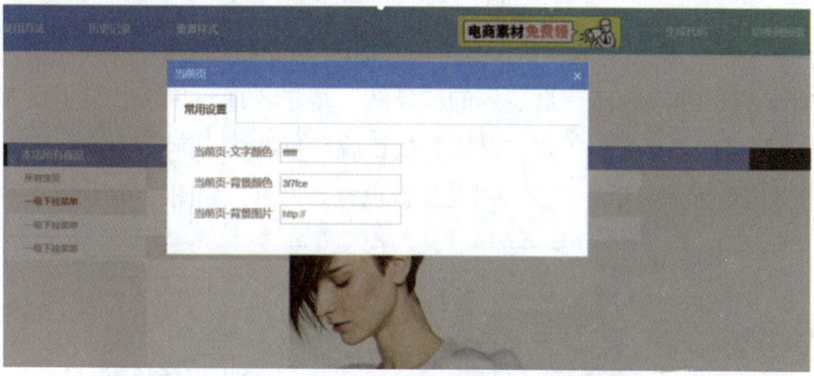

图 3-61 当前页设置

任务操作 11：对"导航菜单"进行设置，注意"［经过］字体颜色"设置成白色，"［经过］背景颜色"设置成深蓝色，其他内容可根据自己需要进行修改，一级、二级下拉菜单的设计也可根据自己需要进行修改，如图 3-62 所示。

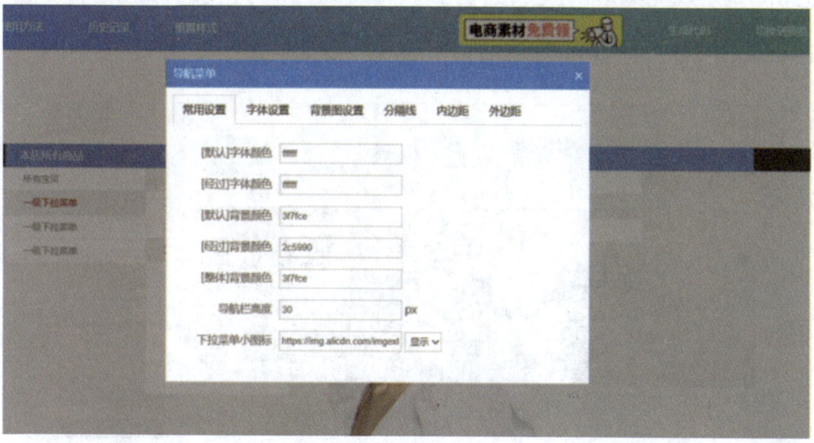

图 3-62 导航菜单设置

任务操作 12：单击"切换到预览"按钮，查看导航条预览效果。

任务操作 13：单击右上角"生成代码"按钮，得到如图 3-63 所示代码，复制代码。

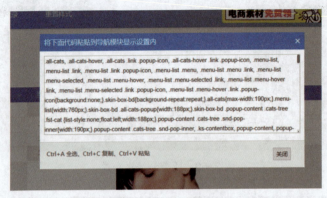

图 3-63　生产代码窗口

任务操作 14：进入店铺首页装修的"导航"编辑界面，单击"显示设置"界面，按住"Ctrl+V"将代码粘贴。单击"确定"按钮后发布站点，查看导航条效果，正常为天蓝色背景，白色字体显示，鼠标经过是深蓝色背景显示，如图 3-64 所示。

图 3-64　导航条设计效果

任务操作 15：进入千牛工作台的首页装修界面，在导航下方拖入"自定义区"。

任务操作 16：打开码工助手，选择"轮播工具"。

任务操作 17：在轮播工具设置窗口右侧选择输入三张轮播图片（事先已在"图片空间"上传），并设置好对应的链接地址，如图 3-65 所示。

图 3-65　设置轮播图片

　　任务操作 18：设置完成后单击右上角"生成代码"按钮，选择"淘宝"平台，并复制代码粘贴到自定义内容区。单击"确定"按钮后预览查看全屏轮播效果，如图 3-66 所示。

图 3-66　全屏轮播效果

　　任务操作 19：在轮播图下拖入"自定义区"，将制作好的分栏图片装修好，内容是热卖爆款。然后进入开关灯效果配置，"店铺类型设置"选择"淘宝专业版"，在"图片空间"中复制 6 张宽度为 310 px 的商品图链接，并设置好对应的宝贝购买链接，如图 3-67 所示。

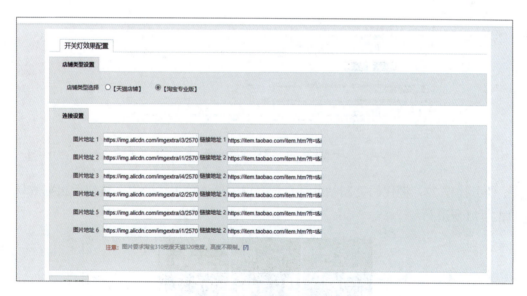

图 3-67　开关灯效果配置

　　任务操作 20：单击"预览效果"按钮，确认预览效果无误后，单击下方"生成代码"按钮，将代码复制粘贴到分栏图下方的自定义内容区中，单击"确定"按钮后预览效果，如图 3-68 所示。

图 3-68　开关灯效果

任务操作 21：在开关灯特效模块下方拖动一个"自定义区"，选择插入"图片空间"中的通栏图片，选择自定义区域左上角"代码"按钮，复制插入图片的原始代码，单击"生成代码"按钮，如图 3-69 所示。

图 3-69　通栏效果设置

任务操作 22：将代码复制粘贴到自定义内容区，单击"确定"按钮后预览效果，如图 3-70 所示。

图 3-70　通栏效果预览

任务操作 23：回到前面制作的热卖爆款分栏模块中，将页面背景设置为黑色。仔细观察，会发现模块与模块之间有大概 20 px 的空隙，如图 3-71 所示。

图 3-71　模块间隙

任务操作 24：复制该自定义内容区的插入图片原始代码，然后进行去间隙操作，代码区输入自定义内容区的插入图片的原始代码，单击"生成代码"按钮以后再重新复制粘贴到自定义内容区代码窗口，蓝色选中部分就是 –20 px，如果需要修改其他值，可以直接修改，如图 3-72 所示。

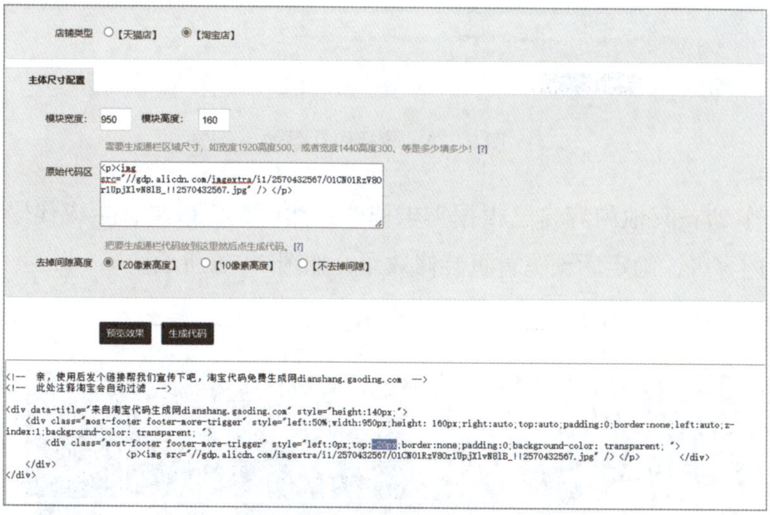

图 3-72　去间隙配置

任务操作 25：单击"确定"按钮，预览效果，模块之间的间隙就去掉了，如图 3-73 所示。

任务操作 26：接下来在制作好的通栏模块下方拖动"自定义区"，将图片空间的"店长推荐"分栏模块装修好，然后制作十二宫格卡盘特效。在十二宫格卡盘窗口设置好 12 张轮播图的"图片地址"和"链接地址"，如图 3-74 所示。

图 3-73 去间隙后效果

图 3-74 轮播图片添加

任务操作 27：其他内容自己根据需求修改，然后预览效果，生成代码。将代码复制到自定义内容区，确定后预览首页装修效果，如图 3-75 所示。

图 3-75 十二宫格卡盘效果预览

任务操作 28：在千牛工作台上选择"店铺"→"子账号管理"→"新建子账号"选项，输入子账号的名称、部门、手机号、密码、岗位等信息，然后确认创建。用同样的步骤新建三个子账号，均为客服部门，注意岗位权限，如果要删除子账号可以选择离职或停用。

任务操作 29：打开在线旺旺代码生成工具，输入旺旺子账号，单击"生成代码"按钮，在代码中生成该账号的链接，复制链接地址备用，如图 3-76 所示。

图 3-76 生成代码

任务操作 30：打开码工助手的"电商通用热区工具"，选择"淘宝"平台，去间隙 20 px，在"图片链接"复制阿里旺旺装修图片的地址，确认以后在装修图片中添加链接地址，将子账号的链接地址粘贴到对应的热区，如图 3-77 所示。

图 3-77 客服热区添加

任务操作 31：单击右上角"生成代码"按钮，将代码复制粘贴到店铺首页的自定义内容区，预览店铺首页效果。单击阿里旺旺区域，窗口提示是否需要打开应用程序，单击"是"按钮，对应的子账户客服就会为你服务。

单元 4 高级网店页面装修

【项目介绍】

在单元 3 中我们利用网络的一些免费代码生成工具帮助用户完成个性化店铺的装修，包括店招的超级链接及收藏、导航 CSS 样式调整、全屏轮播、去间隙方法、通栏模块、自定义模块、开关灯特效、十二空格卡盘效果等。这些功能基本可以满足店铺的装修要求，但是都是基于网站的免费服务，如果这些网站不提供这些免费服务了，比如网络维护暂停运营或者网站开始收费等，我们就无法完成店铺的装修工作。因此本单元的主要内容是 HTML 语言以及 CSS 样式的基本知识及应用，掌握这些内容后就可以不依赖网站而自主完成装修了，并且设计自由度更大，可以不局限于对图像大小、特效的限制，完成更加高级的店铺装修。

【学习目标】

知识目标

- 掌握网店装修中要使用到的 HTML 语言。
- 了解网店装修中的 CSS 样式知识。
- 理解网店装修模块的设计要求。

技能目标

- 使用 Dreamweaver 进行网店首页的装修。
- 熟悉网店优惠券的添加及领取。
- 掌握网店首页中视频的嵌入及控制方法等。

素质目标

- 注重学习的刻苦性和专注性的培养。
- 加强高品位的艺术修养和高尚艺术情操的教育。

【思维导图】

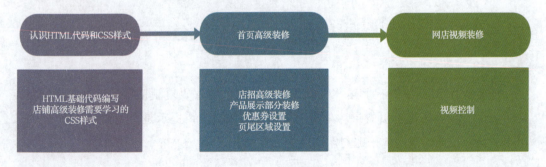

任务 4.1　认识 HTML 代码和 CSS 样式

任务描述

随着网上购物的不断流行，网上店铺蓬勃发展起来，为了在淘宝、天猫中争得一席之地，简单枯燥的店铺页面已不足以打动消费者，而那些添加了各种设计元素，变得更加丰富多彩的网店受到消费者的青睐。在淘宝装修中，"自定义内容区"模块是实现店铺多样化、特色化的关键，因为它是可以使用代码装修的。涉及代码的装修听起来很高深，其实并不难。本任务主要讲解 HTML 基础代码以及 CSS 样式。

本任务的工作内容有：

（1）利用 Dreamweaver，将店铺文字排版后应用到网店自定义模块中。

（2）利用 Dreamweaver，完成首页店招热点地图的设置。

（3）根据 DIV+CSS 布局方式，利用代码完成如图 4-1 所示布局框架的搭建。

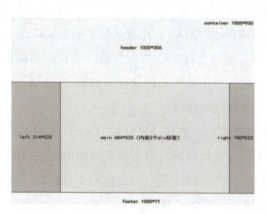

图 4-1　布局框架

任务分析

为店铺页面文字部分设置排版，可以利用 HTML 代码设置文字大小、颜色、字体等；为店招添加热点地图，需要用到 Dreamweaver 中的热点地图工具，该工具可以快速选择热区范围，并设置跳转链接及目标等；搭建布局框架，可以利用 position 和 float 代码完成布局。

知识储备

4.1.1　HTML 基础代码编写

在店铺装修中，淘宝 / 天猫旺铺装修后台为所有卖家开放了一个叫"自定义内容区"的模块，其编辑器如图 4-2 所示，卖家们可以通过编辑器输入文字 / 图片 /HTML 代码，自定义编辑内容，实现个性排版。利用 Dreamweaver 的 HTML 功能，可视化编辑排版，非常适用于宝贝详情描述和旺铺自定义内容区的个性化排版。当然，淘宝平台为了让卖家自定义装修的范围可控，屏蔽了很多网页特效和样式，这也是为什么有的卖家写出的代码被屏蔽不显示的原因。

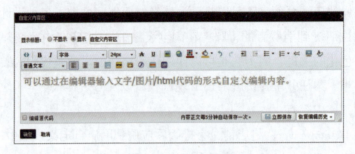

图 4-2　自定义内容区

1. 认识代码编辑器 Dreamweaver

Adobe Dreamweaver，缩写为"DW"，中文名称"梦想编织者"，是美国 MACROMEDIA 公司开发的集网页制作和网站管理于一身的所见即所得网页编辑器。Dreamweaver 提供了强大的可视化布局工具、应用开发功能和代码编辑支持，设计师和程序员几乎在任何地方都可以快速制作和进行网站建设。

Dreamweaver 的版本很多，本教材以最新的 Dreamweaver CC 2021 为演示版本，如果电脑上安装了其他版本，只要能找到对应工具，其使用方法一样。

Dreamweaver CC 2021 软件启动完成后，将显示主页窗口，这里为用户提供了创建和打开项目文件的快捷选项，并列出了 Dreamweaver 中可存在的各类文件，如图 4-3 所示。

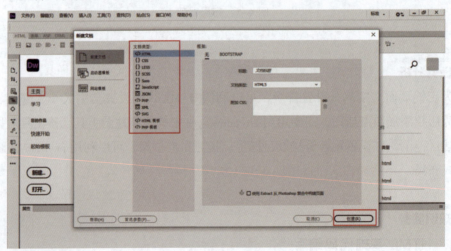

图 4-3　Dreamweaver 主页

在 Dreamweaver 中新建或打开一个网页文件，即可进入 Dreamweaver 的工作界面，如图 4-4 所示。Dreamweaver 的工作界面由菜单栏、工具栏、工作区切换器、文档工具栏、状态栏、属性面板、设计窗口、代码窗口和面板等部分组成。

Dreamweaver
工作环境介绍

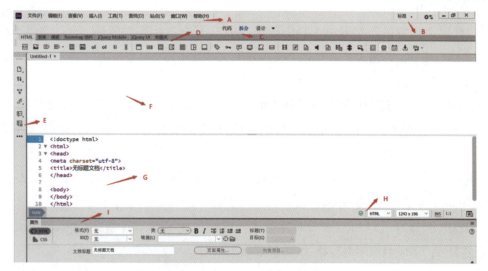

图 4-4　Dreamweaver 工作界面

A. 菜单栏；B. 工作区切换器；C. 文档工具栏；D. 插入面板；
E. 工具栏；F. 设计窗口；G. 代码窗口；H. 状态栏；I. 属性面板。

2. HTML 基本语法

（1）HTML 的定义。

HTML 是 Hypertext Markup Language 的英文缩写，全称"超文本标记语言"，常见的网页本质就是 HTML 代码。超文本指页面内除了文字外，还可以包含图片、链接、视频，甚至音乐、程序等非文字元素。超文本标记语言的结构包括"头（Head）"和"主体（Body）"，其中"头"部提供关于网页的信息，"主体"提供网页的具体内容。如图 4-5 所示，新建 HTML 文档，网页文档都位于 <html> 和 </html> 之间。<head> 和 </head> 之间是头部，<body> 和 </body> 之间是主体。<title> 只出现在头部分，标示了网页标题。

图 4-5　新建 HTML 文档的默认代码

旺铺中的"自定义内容区"模块是淘宝网页面主体，即 Body 的一部分，接下来所有重点会围绕 Body 部分支持的语法、标签去讲解。应用到网店装修中的非常重要的技巧为：新建 HTML 文档后，清空所有的默认代码，在空白的"代码"视图中添加需要的内容。

（2）HTML 语法。

"自定义内容区"涉及的 HTML 语法主要有五个：标签、属性、元素、文档、注释。注意：所有代码都必须在英文状态下输入。

网店装修中
常用的标签

①HTML 标签。

HTML 标签是 HTML 语言中最基本的单位，也是最重要的组成部分。通常要用角括号"< >"括起来，且都是闭合的（闭合是指标签的最后要有一个"/"来表示结束），但不一定是成对出现的。

标签与大小写无关，<body> 跟 <BODY> 表示的意思一样。W3C（World Wide Web Consortium）标准推荐使用小写。

HTML 标签有成对和不成对两种形式：成对出现标签书写格式：< 标签名 > 内容 </ 标签名 >；不成对标签书写格式：< 标签名 />。

例如：<table> 和 </table> 是"表格"的开始标签与结束标签；
 是"换行"标签；<img /> 是"图像"标签。

②HTML 属性。

HTML 属性一般都出现在 HTML 标签中，是 HTML 标签的一部分。标签可以有属性且可以拥有多个属性，它包含了额外的信息。属性的值一定要在双引号中。属性由属性名和值成对出现。

HTML 属性语法：< 标签名　属性名 1="属性值"；属性名 2="属性值"；……属性名 N="属性值"；></ 标签名 >。例如：超链接标签 <a href="URL"></a>，用"href"属性定义链接的位置（URL）。图 4-6 是为文字"网店高级装修"添加超链接，指向网

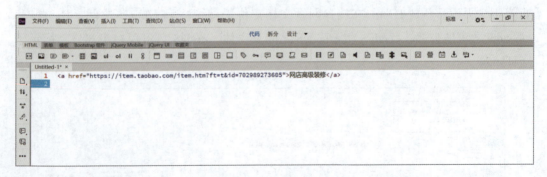

图 4-6　HTML 属性语法

址 "https：//item.taobao.com/item.htm?ft=t&id=702989273605"，应用到网店后，单击文字"网店高级装修"会打开网址为 "https：//item.taobao.com/item.htm?ft=t&id=702989273605" 的页面。

③HTML 元素。

HTML 元素是构建网页的一种单位，是由 HTML 标签和 HTML 属性组成的，包括从开始标签到结束标签的所有代码。例如：<a href="https：//shop371033916.taobao.com/">网店高级装修 </a>，这是一个 HTML 链接元素。大多数 HTML 元素可以嵌套（即包含其他 HTML 元素）。例如：<h1 align="center"><font color="#f00" size="+3"> 网店高级装修 </font></h1>，一个 h1 标题元素中包含了一个 font 字体元素。

④HTML 文档。

HTML 文档就是 HTML 页面，也就是网页，是由 HTML 元素组成的。

⑤HTML 注释。

HTML 注释是指不被程序执行的代码，用于程序员标记代码，对后期修改及他人学习有所帮助。HTML 注释语法：<!-- 此处填写注释文字内容 -->。

添加注释时，可以直接在"代码"视图中输入，也可以单击左侧工具栏中"应用注释"（如图 4-7 红框部分所示）→"应用 HTML 注释"选项，其书写规范如图 4-7 所示。注释只在"代码"视图中看得到，注释在"设计"视图即最终做成的网页中看不到。

图 4-7 HTML 注释语法

总之，标签、属性、元素、文档、注释五者的关系可以由一张图轻松理解，如图 4-8 所示。HTML 页面就是 HTML 文档；一个文档中可以包含一个或多个元素；一个元素中可以包含一个或多个标签；一个标签中可以包含一个或多个属性；注释可以在元素内，也可以在元素外，一个文档中可以包含多个注释。

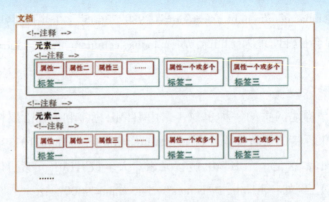

图 4-8　标签、属性、元素、文档、注释五者的关系

3. 插入文字、段落、图片并加链接

（1）文字及其代码。

①文字的字体设置。

标签语法：<div style="font-family:#;">……</div>。#= 字体。示例如图 4-9 所示。注意：Dreamweaver 自动会给字体加单引号，我们需要去掉单引号，比如 "font-family：' 宋体 '" 要修改成 "font-family：宋体"。

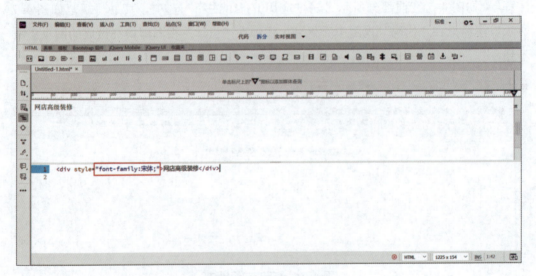

图 4-9　文字字体设置

多数情况下，建议文字字体为默认，即不需单独定义，淘宝全网统一的文字字体是有讲究的，初学者把握不当容易导致定义后的字体看不清或不美观，造成反效果，影响用户体验。

另外，要定义字体的话，请选用淘宝编辑框支持的字体，分别是宋体、黑体、隶书、楷体、微软雅黑、Georgia、Times New Roman、Impact，Courier New、Arial、Verdana、

Tahoma。不支持的字体，在本地的 Dreamweaver 里显示正常，但复制代码到装修后台的"自定义内容区"后会被屏蔽。

②文字的大小设置。

标签语法：<div style="font-size:# 像素;">……</div>。#= 数字。示例如图 4-10 所示。

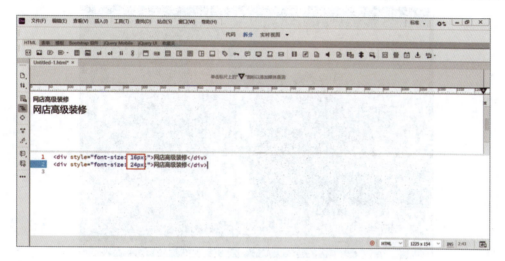

图 4-10　文字的大小设置

一般来说，常规排版时字号选择建议为 12 px~18 px，个性排版字号按需选用。

③文字的颜色设置。

标签语法：<div style="color:#; ">……</div>。#=rgb（0，0，0），RGB 颜色模式代码。<div style="color：＊; ">……</div>。＊=#ffffff（推荐），16 进制代码。示例如图 4-11 所示，color：rgb（11，74，215）与 color：#0B4AD7 是一种颜色，16 进制的颜色代码书写简单，推荐使用。

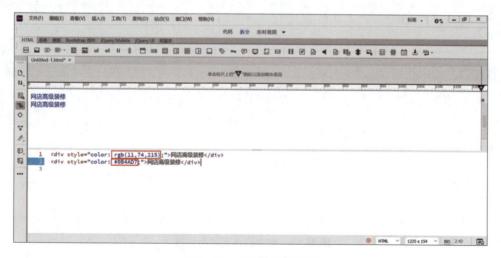

图 4-11　文字的颜色设置

在 Photoshop 中使用"拾色器"设置颜色时，不同颜色模式的值不同，但结果色是一致的。如图 4-12 所示，如果记不住某一个颜色的具体值，可以用这个方法获取。注意：复制颜色值引用时不要忘记加"#"。

图 4-12　颜色模式的值

④文本的背景颜色设置。

标签语法：<div style="background-color：#；">……</div>。#=rgb（0，0，0），RGB 颜色模式代码。<div style="background-color：*；">……</div>。* =#ffffff，十六进制代码。示例如图 4-13 所示。与文本颜色一样，推荐使用十六进制代码，书写更简单。

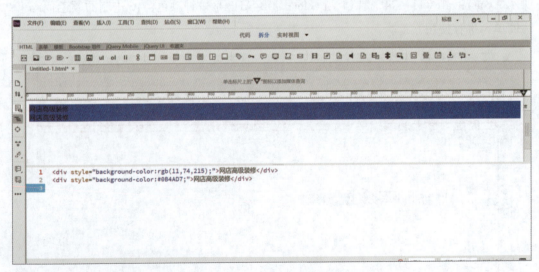

图 4-13　文本的背景颜色设置

⑤文本的行间距（也称为"行高"）设置。

设置标签语法：<div style="line-height：# 像素；">……</div>。#= 数字。示例如图 4-14 所示。注意：同时使用 line-height（行高）和 font-size（文字大小）时，建议行间距的值比字号大 4 px~8 px，比如文字大小用的 16 px，行高用 20 px~24 px。

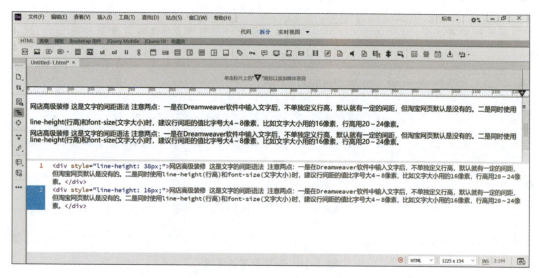

图 4-14　文本的行间距设置

⑥文本强调、加粗、倾斜、下画线、删除线、换行。

标签语法：<strong> 强调 </strong>、<b> 加粗 </b>、<em> 倾斜 </em>、<u> 下画线 </u>、<del> 删除线 </del>、
 换行。示例如图 4-15 所示。除了换行标签单独出现外，其他几组都是成对出现。

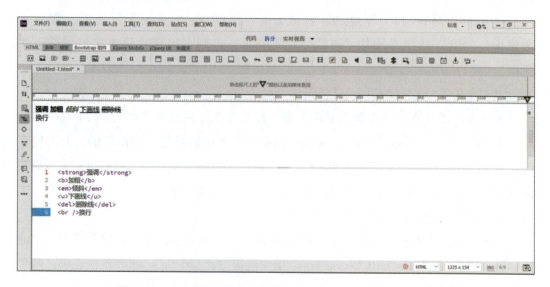

图 4-15　文本强调、加粗、倾斜、下画线、删除线、换行语法

（2）段落及其代码。

p—定义段落标签，语法：<p>……</p>。示例如图 4-16 所示，段落标签内可以加 style 属性，<p> 与 </p> 之间的文字可以单独定义大小、颜色等。

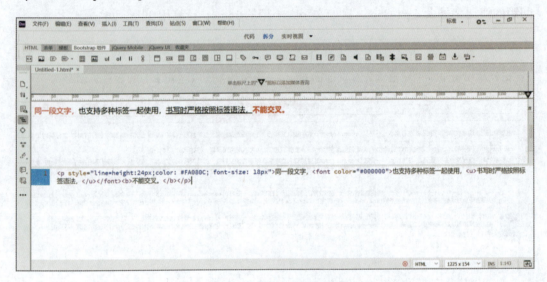

图 4-16　段落标签的设置

<font></font> 也可以定义文字大小、颜色、字体，书写语法：<font color="#FF0000" size="+2"> 文字 </font>。

（3）图片及其代码。

Dreamweaver 不能直接打开图片，但可以在 HTML 文档中插入。标签语法：<img src="URL" width="#" height ="#" alt="#" style="#"title="#"/>。其中 src="URL" 是必填项，宽 width、高 height、替换 alt、样式 style、标题 title 为选填项。注意，在店铺装修中，"URL"链接必须从"图片空间"获取，否则本地图片将直接被屏蔽无法显示。

（4）为文字、图片加链接及其代码。

为文字、图片添加链接是最基础、最常用的操作。链接标签语法：<a href="URL" target="_blank">……</a>。target="_blank" 的意思是单击链接时在新窗口中打开网址页面。为文字添加链接的示例如图 4-17 所示，两排代码的意思一样，都是给文字添加链接并定义一个颜色。标签位置不同，结果也不同。这里要说明的是标签优先级问题，原则：有多个标签时优先显示内部标签属性。

为一个图片添加一个链接的示例如图 4-18 所示，简单说就是给图像标签加一个链接标签，语法：<a href="URL"><img src=" 图片链接地址 " /></a>。只要语法正确，两个标签可以分别添加多个属性。

图 4-17　为文字添加链接示例

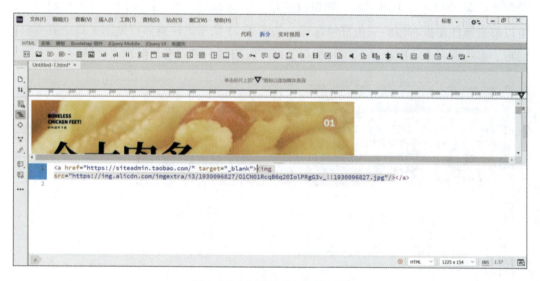

图 4-18　为图片添加链接示例

4. 用地图实现一图多链接

在 Dreamweaver 中的"地图"是图片的属性，要选中图片才可以设置。下面通过为一张店招图片加多个链接的操作演示用地图实现多个链接。

①启动 Dreamweaver，新建 HTML，清空默认源码。

②打开千牛工作平台，在"图片空间"中选择店招图像，并单击"复制代码"选项，如图 4-19 所示。

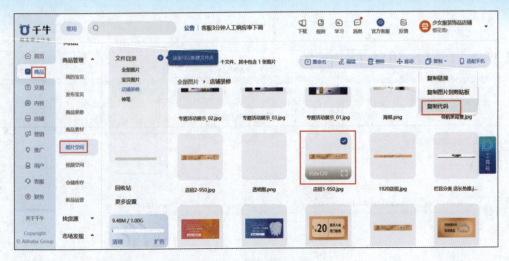

图 4-19　复制店招代码

③将代码复制到 Dreamweaver 中，此时在"设计"视图中会出现店招的图像，选中图片，如图 4-20 所示，在页面下方的属性面板就会变成与图片相关的属性，属性左下角位置会显示出热点地图工具。如果没有显示热点地图工具，即地图工具属性隐藏了，可以单击属性面板右侧的三角符号打开，如图 4-21 所示。注意热点地图工具中有方形、圆形、多边形三个小图标，不同的热点工具可以绘制出不同形状的热点区域。

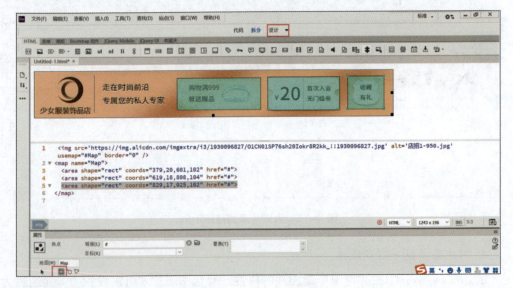

图 4-20　显示热点地图工具

图 4-21　打开热点地图工具

在属性面板选中方块按钮（矩形热点工具），将鼠标移动到图片上，这时候鼠标光标就变成了十字，在想加链接的地方画一个方块。添加热点后的图片区域会出现一个浅蓝色蒙版，意味着该区域已经添加了热点。

如果需要修改热点区域，或者需要进行微调，我们需要单击热点区域，此时热点区域四周会出现浅蓝色的点，将光标放在浅蓝色的点上，单击鼠标左键，即可调整热点区域的大小。

热点地图设置好之后，注意观察"代码"视图，在属性面板可视编辑的同时，新增了 <map></map> 标签，一个 <area /> 标签表示一个热点。一般来说，热点地图是通过 usemap 属性来与热点地图的 name 属性联系，将热点区域及超链接映射到图片上对应区域。如果一个页面中有多个图片添加热点地图，但是所有热点地图的名称都是 Map，那么所有图片的 usemap="#Map" 的图片都以第一个 name="Map" 的热点为准，这样就会出现热点失效的问题了。总之，每一个图片的 usemap 值跟对应的热点地图的 name 值必须要一致，且不同的热点区域的 name 值不相同。在命名热点地图名称时，一定要保证不同图片的热点名称不同，最好以当前模块的内容进行命名，这样既容易维护，又不容易出现热点冲突的问题，如图 4-22 所示。

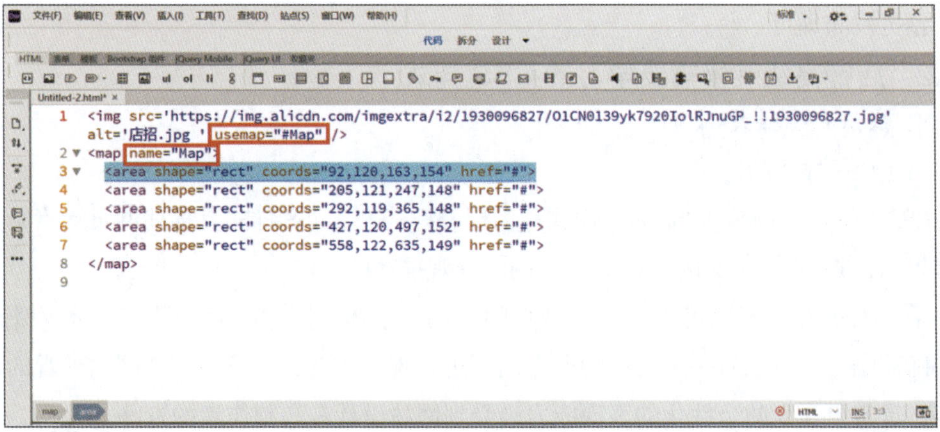

图 4-22　热点地图命名

④设置热点地图属性，如图 4-23 所示。画出矩形热点框后，属性面板自动切换成"热点"的属性，"地图"自动命名为 map。"链接"是指单击此处跳转的链接地址。"目标"就是单击此处时新窗口的打开方式，窗口的打开方式主要有四种："_blank"表示在新窗口中打开链接；"_self"是指在当前窗体打开链接，此为默认值；"_parent"表示在父窗体中打开链接；"_top"则是指在当前窗体打开链接，并替换当前的整个窗体。在淘宝装修中，一般使用"_blank"属性，指超链接将在新窗口打开。"替换"就是鼠标悬浮在该区域时提示的文字。

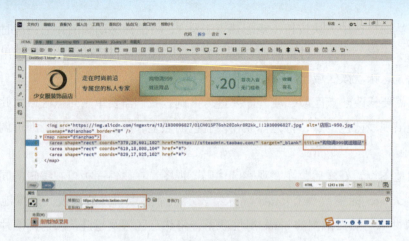

图 4-23　热点地图属性设置

将"链接"默认的 # 修改为目标地址,"目标"选择"_blank",在"target="_blank""后面按【空格】键,新增"title=" 购物满 999 元就送赠品 ""。添加属性 title 的目的是鼠标光标移至热点停靠时,用文字提示链接指向。虽然是非必加属性,但热点较多时,建议添加以示区别。

⑤处理完成,把代码复制粘贴到"店铺招牌"模块的"自定义招牌""源码"模式下,预览发布即可。

4.1.2　店铺高级装修需要学习的 CSS 样式

1. 认识 CSS 样式

(1) CSS 样式的定义。

CSS(Cascading Style Sheet)样式称为层叠样式表。CSS 样式是描述网页元素格式的一组规则,是 W3C 定义的 HTML 语言网页外观描述的方法。

采用 CSS 样式不仅可以对一个网页的布局、字体、图像、背景及其他元素外观进行精确控制,还可以对一个网站的所有网页进行统一控制,它可以实现网站外观的动态变换,具有更强大的个性化的表现能力,受到网站设计者和制作者的青睐。

(2) CSS 样式的构造规则。

CSS 样式采用统一构造规则,由三个要素即对象、属性和属性值构成,如图 4-24 所示。对象是 CSS 样式所作用和控制的网页元素;属性是 CSS 样式描述和设置对象性质的项目;属性值是属性的一个实例。

图 4-24　CSS 实例

其中，Body 就是对象，表示页面文字；花括号中的项目，如 font–family, font–size 等就是属性；宋体、15 px 等就是字体属性值。

（3）CSS 样式的种类。

根据 CSS 样式所控制的网页元素不同，可以将样式分为四种形式。

当所控制的网页元素是 HTML 语言中的某一个特定标签时，为此标签设置的 CSS 样式，称为标签样式，如 body，th 等，所有此类标签都具有此样式的外观。一个标签对应一个样式，这种关系可以比喻成为某一个人定制一款服装。

当把网页中或网站中若干元素归为一类，作为一个整体来看待时，为此类元素设置一个 CSS 样式，称为类样式，如 .t1。使用类样式控制一组元素具有相同的外观。几个元素对应一个样式，这种关系可以比喻成为某几个人定制一款服装。

提示：类样式名称前必须有一个小圆点，表示该样式为类样式。

有时，一个标签或元素在网站中的不同网页中，或在一个网页中的不同位置上，外观效果不同，则需要先为该特定标签赋予一个唯一的 ID 号，然后再为具有该 ID 号的标签设置样式，称此样式为 ID 样式，如 #nav。一种标签对应若干个 ID 标识，一个 ID 标识对应一个样式，这种关系可以比喻成为某一个人定制几款在不同场合穿着的服装。

提示：ID 样式名称前必须有一个 # 号，表示该样式为 ID 样式。

当设置若干个内容相同而名称不同的样式时，或者设置超链接样式时，则可以使用复合样式，如 #nav a：link。

（4）CSS 样式应用范围。

应用 CSS 样式涉及三个范围：在一个标签中、在一个网页中、在整个网站中。

当 CSS 样式写在一个特定标签里，只对该标签发生作用时，则该样式被称为内联样式，又称行内样式，如图 4–25 所示。

图 4-25　行内样式

当 CSS 样式只应用于一个网页时，常常将样式与网页存储在同一个网页文档中，则该样式仅在一个网页中起作用，称为内部样式，如图 4–26 所示。由于这种方法简单，在平时练习中经常使用。

```
1   <!doctype html>
2 ▼ <html>
3 ▼ <head>
4   <meta charset="utf-8">
5   <title>无标题文档</title>
6 ▼ <style>
7       p{color: #642CE1;font-size: 18px;}
8   </style>
9   </head>
10
11 ▼ <body>
12  <p>我是第二个段落</p>
13  </body>
14  </html>
15
```

图 4-26　内部样式

当 CSS 样式存在于一个 CSS 样式文档中，独立于任何一个网页，为整个网站所拥有，则该样式在网站中所有的网页中起作用，称为外部样式。当任何一个网页需要此样式时，只需将该特定的网页与 CSS 文档链接即可。如图 4-27 所示，编写一个外部的 CSS 样式后，在 html 内通过 link 标签引用它。在实际应用中，一般采用外部样式，保证整个网站外观风格和效果的一致性。

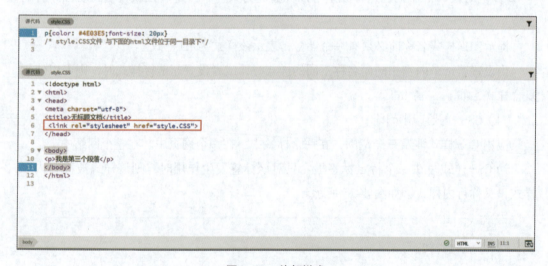

图 4-27　外部样式

2．CSS 样式定义方法

在 Dreamweaver CC 中，CSS 样式的定义有两种方法：一是应用 CSS 样式对话框；二是应用 CSS 设计器。

（1）应用 CSS 样式对话框。

选择"插入"面板中"HTML"选项（如没有该面板，可通过"窗口"→"插入"菜单添加该面板），如图 4-28 所示。打开"插入 Div"对话框，如图 4-29 所示，再单击该对话框中的"新建 CSS 规则"按钮，打开"新建 CSS 规则"对话框，如图 4–30 所示。在该对话框中，可以设置"选择器类型""选择器名称""选择定义规则的位置"。例如，"选择器类型"为"标签"，"选择器名称"为"body"，"选择定义规则的位置"为"仅限文档"。单击"确定"按钮后，出现如图 4–31 所示的对话框，根据该对话框可以定义 CSS 的样式。

图 4–28　插入面板

图 4–29　插入 Div

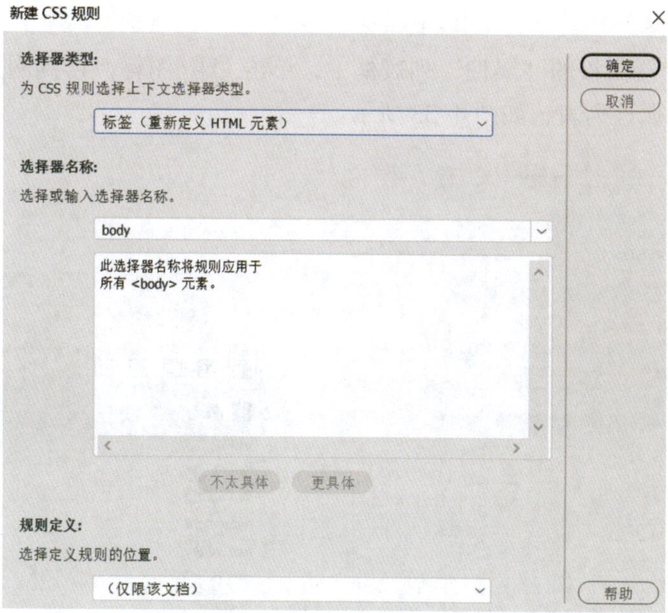

图 4–30　新建 CSS 规则

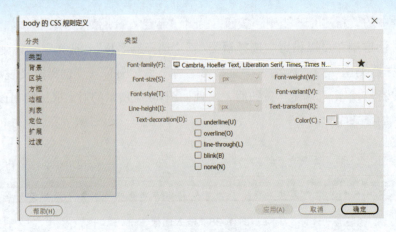

图 4-31　CSS 规则定义

（2）应用 CSS 设计器。

如图 4-32 所示为 CSS 设计器，"源"确定样式应用范围，"@媒体"定义媒体查询，"选择器"选择样式类型和定义样式名称，"属性"定义和选择属性值。CSS 设计器可通过"窗口"→"CSS 设计器"菜单调用。

3. CSS 属性

CSS 属性是 CSS 样式的主要内容，它控制和改变网页元素的格式和外观。本节以 CSS 设计器为参照，将 CSS 属性分为四类：布局、文本、边框和背景。

（1）布局。

在 CSS 设计器面板的"属性"列表框中，单击 图标，得到网页元素布局相关的属性列表，如图 4-33 所示。

布局属性

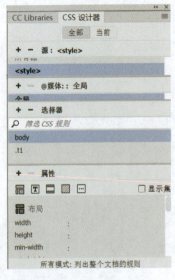

图 4-32　CSS 设计器

图 4-33　布局属性

（2）文本。

在 CSS 设计器面板的"属性"列表框中，单击 T 图标，得到与文本相关的属性列表，如图 4-34 所示。

（3）边框。

在 CSS 设计器面板的"属性"列表框中，单击 ▭ 图标，得到与边框相关的属性列表，如图 4-35 所示。

（4）背景。

在 CSS 设计器面板"属性"列表框中，单击 ▨ 图标，得到与网页背景相关的属性列表，如图 4-36 所示。

文本属性

边框属性

背景属性

图 4-34　文本属性

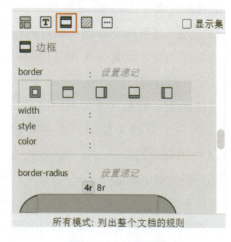

图 4-35　边框属性

4. CSS 样式布局

（1）盒子模型。

盒子模型是 CSS 样式布局的重要概念。只有掌握了盒子模型及其使用方法，才能控制网页中的各种元素。

网页中元素都占据一定的空间，除了元素内容之外还包括元素周围的空间，一般地，把元素和它周围空间所形成的矩形区域称为盒子（box）。从布局的角度看，网页是由很多盒子组成，根据需要将诸多盒子在网页中进行排列和分布，就形成了网页布局。

盒子模型的结构由四个部分组成：content（内容）、padding（内边距或内填充）、border（边框）和 margin（外边距），如图 4-37 所示。

图 4-36　背景属性

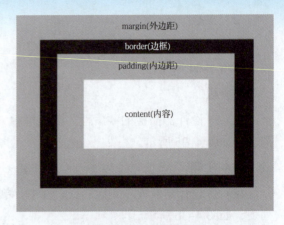

图 4-37　盒子结构

（2）元素类型。

从盒子的显示形式及其具有的特点来分，网页中的元素主要分为三类：块级元素、行级元素以及行级块元素。

①块级元素（block）。

块级元素具有如下特点：独占一行；不设置宽度样式时，宽度自动撑满父元素宽度；和相邻的块级元素依次垂直排列；可以设定元素的宽度（width）和高度（height）以及 4 个方向的内、外边距。

块级元素一般是其他元素的容器，例如 div 就是一种最常见的块级元素，它主要就是作为一个容器来使用。常见的块级元素有 div、p、h1~h6、ul、ol、dt、dd 以及 HTML5 中的新增元素 section、header、footer、nav 等元素。

②行级元素（inline）。

行级元素也称为内联元素或内嵌元素。行级元素具有如下特点：行级元素不会独占一行，相邻的行级元素会从左往右依次排列在同一行里，直到一行排不下才会换行，但在源码中，行级元素换行会被解析成空格；不可以设置宽度和高度；可以设置 4 个方向的内边距以及左、右方向的外边距，但不可以设置上、下方向的外边距；行级元素的高度由元素高度决定，宽度由内容的长度控制，即宽、高由内容撑开；行级元素内一般不可以包含块级元素。

常见的行级元素有 span、a、em、strong 以及 HMTL5 中新增的 mark、time 等元素。

③行级块元素（inline-block）。

行级块元素可以理解为是块级元素和行级元素的结合体，它同时具有两者的一些特性。

行级块元素的特点如下：和相邻的行级元素以及行级块元素从左往右依次排列在同一行，直到一行排不下才会换行，和行级元素一样，源码中，行级块元素换行会被解析成空格；可以设置宽度和高度；可以设置 4 个方向的内、外边距。

常见的行级块元素有 input 和 img（img 在规范中为行级元素，但在表现行为上却是行级块元素。在本教材中，把 img 作为行级块元素看待）。

需要注意的是，对于行级块元素来说，相邻两个行级块元素，水平方向的间距等于左边元素的右外边距 + 右边元素的左外边距，垂直方向的间距等于上面元素的下外边距 + 下面元素的上外边距。

（3）使用 display 属性改变元素类型。

display 属性规定元素应该生成的盒子类型，通过 display 可以将块级元素、行级元素以及行级块元素相互转化，改变元素的显示方式。

display 经常用到是"block""inline""inline-block""none"这几个属性值，此外还有其他一些属性值，例如通过 display：table 等属性可以将元素的类型转为表格系列形式。

（4）布局方式。

在 DIV+CSS 布局中，<div> 标签是盒子模型的主要载体，具有分割网页的功能。CSS 样式中的 position 属性和 float 属性决定这些 <div> 标签的相互关系和分布排列的位置。

不同代码的
布局效果

①position 属性。

在 CSS 样式中，position（定位）属性定义元素区域的相对空间位置，可以相对于其上级元素，或相对于另一个元素，或相对于浏览器窗口，包括了四种属性值：static，relative，absolute 和 fixed。它们决定了元素区域的布局方式。

static，静态定位为默认值，网页元素遵循 HTML 的标准定位规则，即网页各种元素按照"前后相继"的顺序进行排列和分布。

relative，相对定位，网页元素也遵循 HTML 的标准定位规则，但需要为网页元素相对于原始的标准位置设置一定的偏移距离。在这种定位方式下，网页元素定位仍然遵循标准定位规则，只是产生偏移量而已。DIV+CSS 的布局方式采用了标准定位规则的布局方式，这也是系统的默认方式。

absolute，绝对定位，网页元素不再遵循 HTML 的标准定位规则，脱离了"前后相继"的定位关系，以该元素的上级元素为基准设置偏移量进行定位。在此定位方式下，网页元素的位置相互独立，没有影响，因此元素可以重叠，可以随意移动。

fixed，固定定位，与绝对定位类似，也脱离了"前后相继"的定位规则，但元素的定位是以浏览器窗口为基准进行。当拖动浏览器窗口滚动条时，该元素位置始终保持位置不变。

②float 和 clear 属性。

float 属性定义了元素浮动方向，应用于图像可以使文本环绕在图像的周围。在标准定位规则中，它可以使网页元素进行左右浮动，可以产生多个网页元素并行排列的效果。可以理解为在一个狭长的水道中，将两个及以上的船只并列通行，但仍然保持鱼贯而行的顺序。

float 属性包含三个属性值：left 控制网页元素向左浮动，right 控制网页元素向右浮动，none 表示没有浮动。clear 属性与 float 属性配合使用，清除各种浮动。clear 属性包括三个属性值：left 清除向左浮动，right 清除向右浮动，none 表示没有清除。

任务实施

请根据任务描述中的工作内容，将任务实施过程中的关键讨论点及执行点进行记录（表 4-1、表 4-2）。

表 4-1　任务讨论记录

任务讨论	讨论记录

表 4-2　任务执行记录

任务执行	执行记录

任务评价（表 4-3）

表 4-3　认识 HTML 代码和 CSS 样式任务评价

评价任务	评价标准	评价结果	
		完成	未完成
为店铺设计文字排版	能够利用 HTML 代码完成文字排版设计		
	文字排版美观、层次分明、重点突出		
为店招添加热点地图	能够正确地为店招添加多条热点地图		
	恰当设置热点地图属性		
搭建页面框架布局	能够利用代码完成给定页面框架布局		

任务 4.2　首页高级装修

任务描述

首页相当于电商店铺的门面，是店铺的展示窗口，它直接影响店铺的品牌宣传以及买家的购物体验。首页的装修决定了店铺的整体形象。一般情况下，电商首页包含有店招、导航条、轮播图、产品展示区域、优惠券区域、页尾区域、首页视频等。通过这些模块，可以更好地布局电商店铺的首页，从而更好地体现电商店铺的装修风格。本任务主要讲解利用 Dreamweaver，根据所学的代码知识，完成店铺首页各模块装修。

本任务的工作内容有：

（1）设计一个动态店招，并为其添加热点地图。

（2）构思首页产品展示区（搭配组合优惠 + 新品推荐）的主要框架、配色等，使其体现出一定的个性和设计感。

（3）根据店铺风格，为店铺设计一个优惠券模块。

（4）根据页尾区设计要点，为某食品店设计一个售后保障型页尾区。

任务分析

设计动态店招，需要利用 Photoshop 制作 GIF 动画，并利用 Dreamweaver 为其添加热点地图；根据首页各个模块的设计要点，利用 Photoshop 构思首页产品展示区、优惠券模块、售后保障型页尾区的框架布局，并利用 Dreamweaver 为首页各模块添加对应的热点地图，完成页面装修。

知识储备

4.2.1　店招高级装修

1. 认识动态店招

店招就是店铺的招牌，大部分都是由产品图片、宣传语言和店铺名称等组成。不管买家通过何种途径进入店铺，首先映入眼帘的就是店招。在某种程度上来说，店招的设计代表着该店铺的形象。

根据店招的展现形式，其可以分为静态店招和动态店招。

静态店招由于设计与制作相对简单，所以成为大部分店铺的首选。动态店招实质上就是由多个图像和文字效果构成的 GIF 动画。相比于静态店招，动态店招不但醒目，容易引起买家的注意，而且更加美观，可以有效提升店铺的时尚感和高级感。虽然动态店招的视觉效果更佳，但归根到底也是通过静态店招制作出的。

2. 认识图片标签和地图

一般来说，常规店招的组成元素包括文字、背景、图片和店标等，为了使店招更加美观，具有个性化，还会在其中添加图片标签和地图。

标签是标明信息的文字或图片，通过在店招上添加多维度标签可以提升店招信息承载量，让分发效率更高，聚合各层次消费。

例如，在消费者的认知经验中，箭头具有引导性，而按钮则是用来点击的，因此当视觉接收到箭头或是按钮这一信息后，大脑便会无意识地发出跟随或点击的指令，这可以说是一种习惯，也是一种潜意识的表现。根据人们的这种习惯，在店招中添加明确的箭头或按钮，会对消费者产生不可忽视的心理暗示作用。

图片营造出热闹的促销气氛也能影响消费者购物的冲动与下单的速度，其中，添加限制提示就是一种常见手法，可以通过添加时间、活动等限制说明制造紧张感。

除了图片标签外，在店招中添加图片地图也是店招设计的重要内容。

图片地图就是通过划分图片的区域，对不同的区域添加不同页面的链接，当点击图片时，会根据点击的区域跳转到相应的页面中。图片地图的使用，使店招成为不同页面的跳转中心，为店铺的各大页面提供了流量。

3. 制作动态店招

动态店招更能吸引顾客的注意力，而且动态店招能展示更多的产品，一举多得。目前，淘宝网支持 GIF、JPG、PNG 等几种格式的店招。要想获得动态店招，一个方法是使用 GIF 动态图片，另外一个方法就是先制作好几张静态图片，再通过 HTML 代码让它们动起来。通过 HTML 代码的方式，可以取得比 GIF 更灵活的展示。

下面就以图 4-38 所示这个简单的动画店招为例来说明动态 GIF 店招制作过程。制作 GIF 动态店招，可以使用 GIF 制作软件完成，如 Photoshop，Easy GIF Animator 和 Ulead GIF Animator 等软件都可以制作 GIF 动态图像。设计前准备好背景图片和商品图片，然后添加需要的文字，如店铺名称或主打商品等，最后使用软件制作即可。

图 4-38　动画店招

Ps 制作动画店招

（1）打开 Photoshop，新建图像，设置其尺寸为 950 px × 150 px，将店招、导航、动画分图层置入，如图 4-39 所示，注意图案的图层顺序。

（2）选择动画图层，在 Photoshop 中单击"窗口"→"时间轴"选项，选择创建帧动画，如图 4-40 所示。

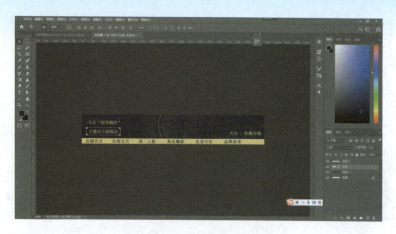

图 4-39　新建页头区图像

图 4-40　创建时间轴

（3）单击"创建帧动画"选项，生成第一个关键帧，再单击加号复制当前帧，并且在图层面板复制动画图层，命名为动画 2，"Ctrl+T"将动画旋转 60 度，同时隐藏下方的图层。注意关键帧动作需要与图层——对应，比如这里关键帧 1 对应的是动画图层，动画2 不显示，其图层为隐藏状态，关键帧 2 对应的是动画 2 图层，下方动画图层隐藏，两个关键帧之间间隔时间可以是 0.2 s 或 0.4 s，图层和关键帧对应效果如图 4-41 和 4-42 所示。

图 4-41　关键帧 1

图 4-42　关键帧 2

（4）同样的方法再创建关键帧 3、4、5 和动画 3、4、5 图层，旋转角度设置为 120 度、180 度和 -60 度，如图 4-43 所示。

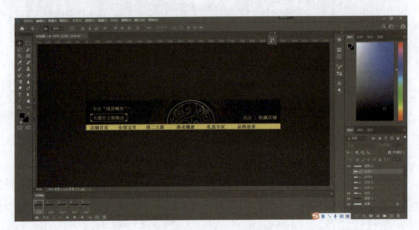

图 4-43　其他关键帧

（5）保存图像为 GIF 动画格式。

4. 为动态店招添加图片标签和地图

（1）将制作好的动画店招上传至千牛工作台"图片空间"中，并复制该动画店招的代码。

为店招添加
图片标签和
地图

（2）打开 Dreamweaver，新建 HTML 文件，并将初始代码删除，将复制的动画店招代码复制到 Dreamweaver 代码视图中。

（3）切换至"拆分"视图，选中图像，在下方会出现热点地图属性。选择矩形热点工具，为"关注 | 收藏店铺"文案部分添加图像热点，地图命名为"map01"，链接地址为店铺收藏地址，目标"_blank"，如图 4-44 所示。用同样的方法为导航添加热点与超级链接，如图 4-45 所示。

图 4-44　为"关注|收藏店铺"添加图像热点

图 4-45　为导航添加热点地图

（4）复制代码，进入 PC 端首页装修页面，选择"店铺招牌"模块，单击"编辑"按钮，将代码粘贴到自定义招牌的源码区，如图 4-46 所示，单击"保存"按钮后预览效果如图 4-47 所示。

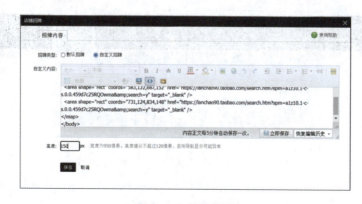

图 4-46　粘贴代码

图 4-47　预览效果

（5）在 Photoshop 中处理好页头背景，可以将店招中间区域填充黑色或白色，减少图片文件大小，存储为页头背景 .jpg 图像，如图 4-48 所示。

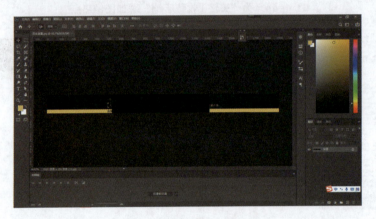

图 4-48　处理页头背景

（6）将页头背景装修到页头模块中，横向平铺，居中并应用到所有页面，预览后效果如图 4-49 所示。

图 4-49　页头装修预览效果

4.2.2　产品展示部分装修

1. 认识产品展示区

在网店装修的过程中，内页作为首页面积最大的区域，承载着整个页面最重要的内容。内页可以划分为轮播图（Banner）、商品分类、客服、产品展示这几部分。其中产品展示区是内页中最重要的模块，店铺首页大部分内容由产品展示构成。合理的产品展示可以起到展示商品、提升品牌形象、营造品牌氛围、提高品牌销售的作用。

系统给到的产品展示方式分自动推荐和手动推荐两种。自动推荐可以按照产品分类、价格区间、关键字索引等条件自动进行匹配分类，手动推荐是完全按照自己的需求去选择产品放入模块，不需要系统按条件进行匹配。当然卖家还可以设计个性化的产品展示，在自由设计当中，卖家可以不受系统模块的限制，对模块的版式、文字使用、色彩等进行更好的把控，有利于视觉美观度的呈现。

一般情况下，产品展示模块主要有产品推荐、产品促销、产品上新、产品分类展示等。在制作产品展示模块时，为了吸引买家的注意，往往制作海报图，再配合产品、名称、价格、时间等信息。

2. 产品展示区常用的展示方法

（1）m×n陈列展示。

一行多列，整齐排版，把商品整齐地一排一排陈列展示，显得商品丰富、整洁、美观，很容易让消费者找到自己喜欢的款式或颜色，引导消费者进一步对商品进行了解。这种是常用的首页产品展示方法之一，如图 4-50 所示。

图 4-50　一行多列

（2）突出主推产品，主次分明。

主推商品的画面占比要大于其他商品，主次分明。其目的是主推产品能够被很好地展示，提升单品的转化率。这种产品展示的方法常用于新品上市或促销活动的展示，如图 4-51 所示。除此之外，也可以通过颜色对比来突出主推产品。当同一行的宝贝商品进行展示时，要把暖色调或冷色调的商品尽可能放在一起展示，这样可以统一色调，给人以和谐之感。但也要尽量避免把同颜色的宝贝挨个排列，而是要做到错落有致，形成主次之分。

图 4-51　突出主题产品

（3）图文对应。

在产品展示中，可以进行"产品 + 文案"的展示，如图 4-52 所示。全方位地展示一个单品，更能提升单品的转化率。在店铺首页中，如果出售商品较少，可以用图文对应的展示方法；如果商品较多，则最好不用此方法，不然会使首页屏幕过长，造成顾客浏览商品速度下降。

（4）搭配关联。

在一个区域内把商品和商品之间有明显搭配关联的产品展示在一起，使产品组合起到互补和延伸的作用，以便顾客在购买商品 A 后，顺便也购买展示在旁边的商品 B 或商品 C，有效地提高店铺的销售额，如图 4-53 所示。

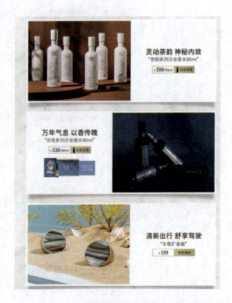

图 4-52　图文对应

图 4-53　搭配关联

（5）左右结合法。

在通常情况下，当客户进入到网店后，眼睛首先会先向左侧关注，然后再转向右侧的商品。这是人们的一种购物习惯，与人们看书时的习惯是一样的，因此卖家在展示商品时，就可以把引人注目的产品陈列在店铺的左侧，迫使客户在此停留，进而吸引他们购买。这可以充分发挥店铺左侧方位所具有的独特效果，大大促进商品的销售。

（6）黄金位置展示法。

产品在首页黄金位置的销售能力，是决定网店销售量的关键因素。在首页的前三屏经常用来摆设那些利润高的商品，或是自有品牌商品、独家代理经销的重要宝贝商品。而在中、下位置的展示中，通常在中间位置展示需要推荐的商品，下层陈列一些进入到销售衰退期的商品，比如摆设一些过季的、断码的、库存不足的，或者是转化率降低的旧款，一般不必用很大的精力去维护这些商品。但未来如果想要清理库存，就可以为它们专门设置一个清仓区，或是参加一些季节性的促销活动。此外，也可以把它们转化成礼品或赠品使用。

3. 制作产品展示区

科学的产品展示，有利于流量汇聚和引导转化，从而降低网店的营销成本，提升网店营销转化率。具体的产品展示区设计操作如下。

产品展示
部分装修

（1）打开 Photoshop，将产品展示图进行切片处理，如图 4-54 所示。

（2）根据页面内容拉出参考线，然后使用切片工具根据参考线进行切片。在切片的过程中需要注意，保证切片后每种图片内容的完整，避免出现内容缺失的情况，从而影响后续的操作，如图 4-55 所示。

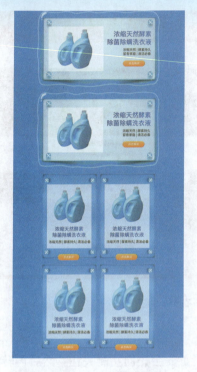

图 4-54　打开产品展示区

图 4-55　切片处理

（3）选择"新建"→"导出"→"存储为 Web 所用格式"选项，此时图片显示为灰色，代表没有选中图片，按住 Shift 键选中所有切片，格式选择为"JPEG"，品质 60，保存为 HTML 和图像文件。

（4）将切片后的 4 张图像上传到千牛工作台的"图片空间"，同时在 Dreamweaver 中打开 HTML 文件，如图 4-56 所示。

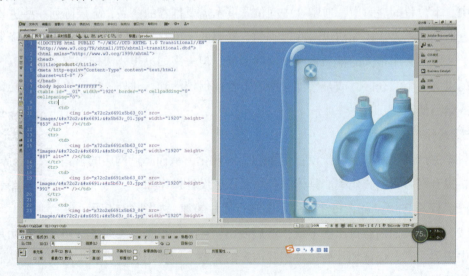

图 4-56　打开 HTML 文件

（5）将上图中的 4 张图片地址替换成"图片空间"的网络图片地址，可以从"图片空间"直接选择"复制代码"替换，如图 4-57 所示。

图 4-57　替换图片链接地址

（6）使用热点工具为所有图片添加热点，注意地图名称在同一网页中不可重复命名，如图 4-58 所示。

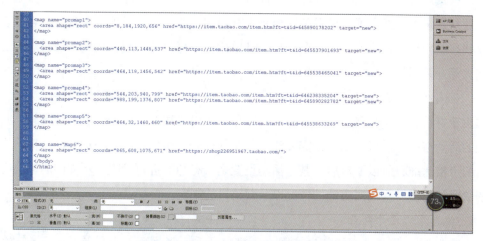

图 4-58　用热点工具为所有图片添加热点

（7）为所有的"点击购买"添加热区，增加对应的商品链接，将 Body 部分代码复制至全屏代码模板，生成全屏图像展示效果，最后将代码复制到首页自定义模块源码区。

4.2.3　优惠券设置

1. 优惠券面额和门槛的设置方法

发放优惠券应该是传统的一种促销活动形式，也是网店推广和吸引二次消费的策略。优惠券的精髓，主要有两个：一个是面额，另外一个是门槛。很多卖家在设置面额和门槛的时候往往会掉进一个常见误区：以为优惠券的作用是提高客单价，忽视了店铺的基础情况以及买家购买时的心理因素。其实在设置优惠券时需要关注好如图 4-59 所示的几个方面。

（1）面额制定。

系统目前支持多种规格的面额设定，但面额不得高于 5 000 元。

（2）门槛制定。

①门槛制定的依据。

对于买家来说，没有门槛的优惠券当然是最具吸引力的。若门槛太高，买家连使用的条件都达不到，更谈不上成交转化。所以卖家需要观察店内近 3 个月的客单价情况以及人均成交件数进行门槛制定。

图 4-59　优惠券设置要素

②门槛范围的把控。

只根据店铺客单价情况和人均成交件数来制定门槛还是不够科学，在这个基础上卖家还要从逻辑上重新考虑所设置的门槛是否有问题。如果跨度设置不合理，就容易造成买家找客服质疑要求改价，或者分开拍下订单让客服打包发一起，造成售前售后的工作量增大等一系列问题。

③店内优惠的叠加以及冲突。

由于打折、满减会和优惠券叠加进行减免，所以要注意店内是否有其他满减、打折类型的活动在同时进行，如有则需要注意利润的控制，避免冲突和叠加。而门槛，则以折后的价格为准，所以要对店内其他活动设置是否有冲突进行检查。不同的店铺会有不同的情况，门槛需要根据店铺的情况以及营销目的制定。

2. 优惠券的设计要点

优惠券在首页中展示的信息有限，一般来说，一张优惠券上最醒目的信息通常是优惠面额。除此之外，设计优惠券时还需要对其他的必要信息进行完善，这些信息一般在消费者点击领用后才会显示，图 4-60 所示为领用的优惠券，其中还显示了使用条件、有效时间、使用规则等信息。

优惠券设计技巧

优惠券设计要点通常包括以下几点。

（1）优惠券的使用范围。明确使用的店铺以及使用的方式，指明是全店通用，还是只对店内的单款、新品或者某系列商品有效，以此限定消费的对象，起到引导流量走向的作用。

（2）优惠券的使用条件。优惠券的使用

图 4-60　领用的优惠券

条件分为有使用门槛和无使用门槛；通常来说无门槛优惠券的优惠力度是比较小的，就是每个用户都可以领取，比如 3 元、5 元、10 元。有门槛的优惠券，可以根据用户的购买金额来决定，比如满 500 元可以减 100 元、满 300 元可以减 30 元，这要根据不同的利润空间去设定。

（3）优惠券的使用期限。优惠券的使用期限可以分为短周期和长周期。

一般情况下，如果优惠券是店铺短期推广，应当限定使用时间，如当日券、24 小时以内有效等，以此让消费者产生过期浪费的心理，提高消费者的使用率。另外低门槛券也更加适用于短周期，作为"羊毛"，适当给用户制造些时间压力，不会带来用户过多反感。当然，新人券周期相对也比较短，用户首次与店铺接触，店铺必须要珍惜这次机会，尽快实现首单转化。因此需要将券的使用周期压缩，促成用户的转化。

而长周期券更适合于高门槛券，可以给用户一定的缓冲时间，即使无法立刻带来用户转化，优惠券的曝光也可以增加一些记忆点，为后期的转化做好铺垫。另外一些权益性的优惠券，或者用户关怀类的礼包，如沉睡用户回归礼包，更适合采用长周期优惠券，否则太强的时间紧迫性会增加用户压力，影响用户体验。

（4）优惠券的发放时间。发放时间需要考虑的是发放持续多长时间以及从什么时候开始发放。通常优惠券发放时间距离优惠券开始使用时间不能过长，以避免顾客领券后时间太久而忘记了优惠券的存在。当然开始发放时间距离开始使用时间也不能太短，这样可能导致券还没发完，活动就开始了。

（5）优惠券的使用张数。如"每笔订单限用一张优惠券"，可以限制折上折的情况出现。另外，我们也需要在一开始确定发放的总数量，它决定了我们投入和产出的比例，所以不容小视。在设置的过程中一定要统计好各方面的数据，根据财务、运营的具体状况再进行相应的调整。

（6）优惠券的最终解释权。如"优惠券的最终解释权归本店所有"，一定程度上保留了法律上的权利，以避免在后期活动执行中出现不必要的纠纷。

3. 设置店铺优惠券

优惠券以电子券为载体，可以满足商家多样化营销诉求，提升店铺转化率，本章节以店铺优惠券为例来讲述优惠券设置的步骤。

优惠券设置

（1）登录千牛工作台，找到左侧导航栏中的"营销"模块，单击其中的"营销工具"选项，从店铺引流中可以找到"优惠券"工具，如图 4-61 所示。

（2）单击"优惠券"工具，即可进入优惠券界面。在此界面，我们可以对已设置的优惠券进行管理，如图 4-62 所示。需要注意的是，优惠券创建完成后，仅能修改优惠券的发放量及每人限领量。

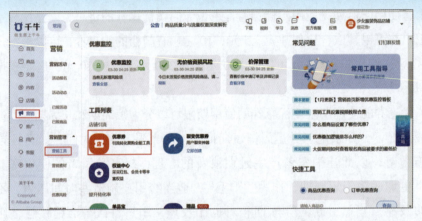

图 4-61　优惠券工具

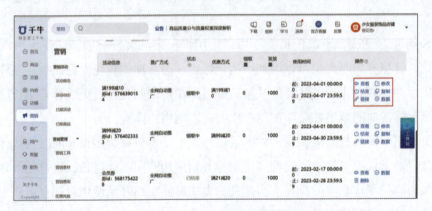

图 4-62　优惠券管理

（3）单击"新建优惠券"选项，就会出现店铺优惠券编辑页面，如图 4-63 所示。我们需要完成"基本信息""优惠信息"等内容的填写，一般选择默认的"全网自动推广"。不同渠道的优惠券发行量和优惠金额等限制不同。例如，"全网自动推广"设

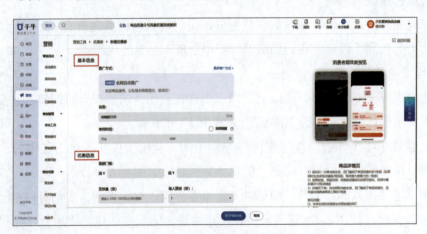

图 4-63　优惠券编辑界面

置后，宝贝详情页和购物车会自动弹出领券入口，其中优惠券的发行量不能少于 1 000 张，优惠金额不能超过 5 000 元。而店铺会员专享券的发行量最低数量为 1 张。

（4）填写完信息之后，单击"提交风险校验"按钮，就能完成店铺优惠券的创建，如图 4-64 所示。

图 4-64　提交风险校验

4. 设置店铺优惠券模块

图 4-65　优惠券模块效果

为了使更多买家可以关注到优惠券，很多店铺都会将优惠券设置在店铺首页或详情页中，以专门的模块来吸引买家的注意，从而引导消费。某店铺的优惠券模块效果如图 4-65 所示，点击即可跳转页面领取优惠券。

（1）创建 3 张店铺优惠券，分别为满 199 元减 10 元，满 259 元减 20 元，满 599 元减 50 元，如图 4-66 所示。

活动信息	推广方式	状态	优惠方式	领取量	发放量	使用时间	操作
满599减50 券id: 5765913217	全网自动推广	领取中	满599减50	0	1000	起: 2023-04-01 00:00:0 止: 2023-04-07 23:59:5 9	查看 修改 结束 复制 链接 数据
满259减20 券id: 5765121222	全网自动推广	领取中	满259减20	0	1000	起: 2023-04-01 00:00:0 止: 2023-04-07 23:59:5 9	查看 修改 结束 复制 链接 数据
满199减10 券id: 5766390154	全网自动推广	领取中	满199减10	0	1000	起: 2023-04-01 00:00:0 止: 2023-04-07 23:59:5 9	查看 修改 结束 复制 链接 数据

图 4-66　创建店铺优惠券

（2）将制作好的优惠券效果图上传至千牛工作台"图片空间"中，如图 4-67 所示。选中优惠券，选择"复制代码"选项。

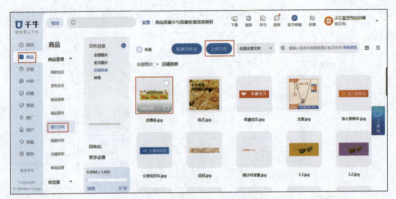

图 4-67　上传图片至图片空间

（3）打开 Dreamweaver，新建 HTML 文件，并清除原始代码，将图片的代码复制粘贴到 Dreamweaver 中，如图 4-68 所示。

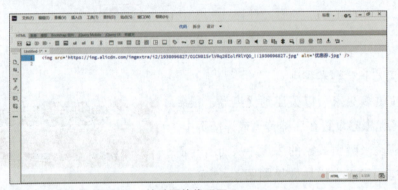

图 4-68　粘贴图片代码至 Dreamweaver

（4）切换至"设计"视图，选中图片，依次添加矩形热点区域，如图 4-69 所示。

图 4-69　添加热点区域

（5）设置热点区域属性，如图 4-70 所示。选择指针热点工具，选中"10 元"优惠券区域，填写对应内容。链接内容为优惠券链接地址（获取方式如图 4-71 所示），将"目标"设置为"_blank"，即在新窗口打开领取优惠券的页面。注意，为了避免页面热点地图的冲突，我们需要将地图名称重新命名，例如"youhuiquan01"。用同样的方法为20 元、50 元位置添加热区，并设置优惠券链接、目标、名称等。

图 4-70　设置热点地图属性

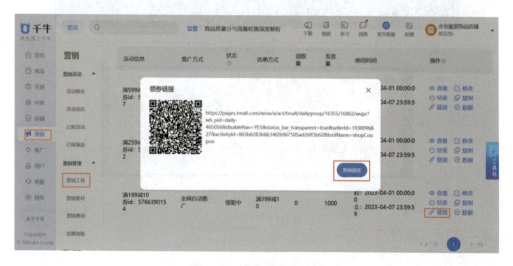

图 4-71　获取优惠券链接

（6）切换至代码视图，如图 4-72 所示，复制代码。

（7）将代码粘贴到店铺装修自定义模块的源码区，如图 4-73 所示。单击"预览"按钮，最终效果如图 4-74 所示。当我们点击效果图时，链接会自动跳转领取优惠券。

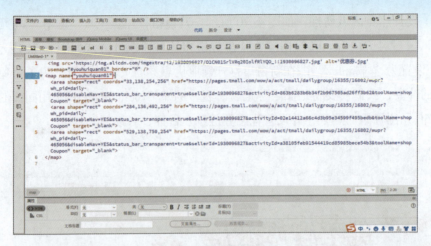

图 4-72　复制代码

图 4-73　自定义模块源码区

图 4-74　优惠券模块区

4.2.4　页尾区域设置

1. 认识页尾区域

一般来说，网店页面分为页头、内页和页尾三部分。页尾是对重点信息进行二次展示、补充说明的部分。在网店装修过程中，页尾是非常重要但又极易被忽视的区域。

店铺页尾是店铺的最后一屏，是一个独立且唯一的区域，它在店铺装修中同样重要。页尾的存在使浏览店铺的行为形成访问闭环，加深消费者印象，发挥了分流导流的作用，也使店铺页面的结构更加完整。一个干净利落的页尾，能体现整个店铺的完整性和统一性。

　　页尾与页头一样，都是全店显示的。当设置好页尾模块后，无论打开店铺的哪个页面，都能看到页头与页尾部分。店铺页头系统默认放置 2 个模块，即店招和导航，而店铺页尾系统只能放置 1 个模块，即自定义内容区。

　　2. 页尾区的设计要点

　　一般页尾的设计，主要包括以下几个设计要点。

　　（1）店铺底部导航。分类将给予更多选择，而对于从产品详情页阅读至页尾的顾客，可以协助顾客更快找到目标产品和促成成交，如图 4-75 所示。

图 4-75　底部导航页尾

　　（2）返回顶部按钮。在页面过长的情况下，加上返回顶部按钮可方便买家快速地跳转到页面顶部，形成流量闭环。

　　（3）关注、收藏店铺。通过添加手机店铺二维码、微淘二维码、微博、关注、收藏等模块来实现互动，如图 4-76 所示。添加 VIP 会员服务于老客户，增加客户黏性，也从一定程度上体现了店铺的专业服务，吸引了新客户。

图 4-76　实现互动

　　（4）客服中心。添加在线客服，买家有疑问可以直接点击咨询，而不用回到页面上方去找客服，减少了顾客因为麻烦而放弃咨询的可能性，更便于买家解决售前或售后的问题，增加互动性，提高店铺转化率，如图 4-77 所示。

图 4-77　添加在线客服

（5）售后保障服务。当顾客浏览到页尾时，对店铺中出售的商品已经有了大致了解，在页尾中通过"官方正品保证""7 天无理由退换货""品质保证"等信息，可以提升买家信任感，打消买家疑虑。除此之外，也可以添加发货时间、购物流程、默认快递、售后服务等信息，这些可以帮助买家快速解决购物过程的问题，减少买家对常见问题的咨询量，如图 4-78 所示。

图 4-78　售后保障服务

（6）品牌介绍与扩展。在页面介绍品牌故事可以给买家了解品牌的机会，进一步加强买家对品牌的认知和可信度，如图 4-79 所示。品牌扩展是指展示该品牌旗下的其他店铺，给顾客更多选择，将流量引导向其他店铺，如图 4-80 所示。

图 4-79　品牌介绍

图 4-80　品牌扩展

通过店铺页尾，买家可以看出该店铺的品质和专业性，增强对店铺的信任感，因此，店铺页尾设计好了，在提升买家在店铺的停留时间、降低跳失率的同时也提升了店铺的购买率。

3. 设置页尾区域

某店铺的页尾区域效果如图 4–81 所示。为了发挥页尾的作用，我们除了在页尾区域放置内容外，还需要添加热点地图。店铺页尾装修同前面的自定义展示区装修的方法一样，同样要运用热区添加链接，具体步骤如下。

页尾部分
装修

图 4–81　页尾区域效果

（1）将做好的页尾效果图上传至千牛工作台"图片空间"，如图 4–82 所示。该图片尺寸为 1 920 px × 373 px，超出淘宝的 950 px 的限制，所以还需要利用代码生成工具为其生成全屏代码。选中页尾图，选择"复制代码"选项，如图 4–83 所示。

（2）打开 Dreamweaver，新建 HTML 文件，并清除原始代码，将复制的图片代码粘贴到"代码"视图中，如图 4–84 所示。

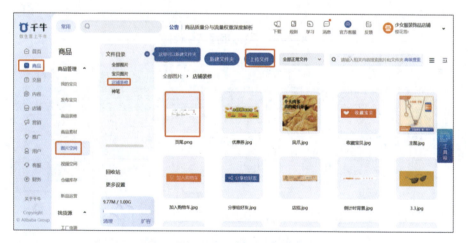

图 4–82　上传页尾图至图片空间

（3）切换至"设计"视图，为页尾图片添加热点区域，如图 4–85 所示。选择页尾图片，在页面下方的属性面板就会变成与图片相关的属性，属性左下角位置会显示出热点地图工具，选择矩形热点工具，为客服及顶部区绘制热点区域，添加热点后的图片区域会出现一个浅蓝色蒙版，意味着该区域已经添加了热点。

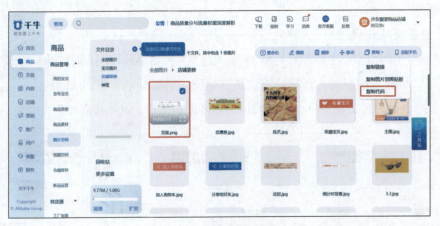

图 4-83　复制页尾图代码

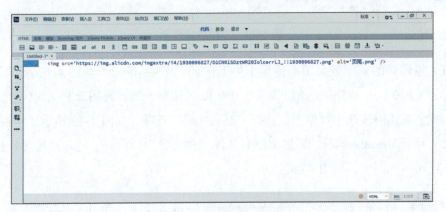

图 4-84　粘贴页尾图片代码

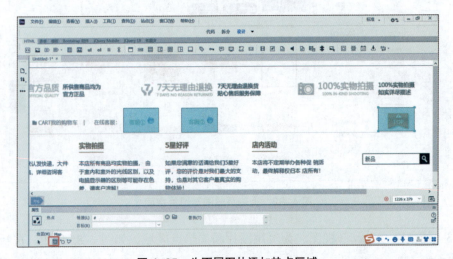

图 4-85　为页尾图片添加热点区域

（4）为客服区添加链接及目标。打开千牛工作台，依次选择"店铺"→"子账号管理"→"新建子账号"选项，填写账号名称、部门、手机号、权限，等，完成客服子账号的创建，如图 4-86 所示。接着，根据"稿定设计"的"在线旺旺代码"生产工具（https：//dianshang.gaoding.com/toolold/active_ww.html）获取客服链接，如图 4-87 所示，选中的蓝色部分即为"艾薇儿"客服聊天框的链接。最后，切换指针热点工具，选中"客服①"热点区域，此时热区四周有小方块，将该链接复制到该热区的"链接"中，选择目标为"_blank"，在新窗口打开，如图 4-88 所示。同样的方法为"客服②"添加链接和目标。

图 4-86　新建客服子账号

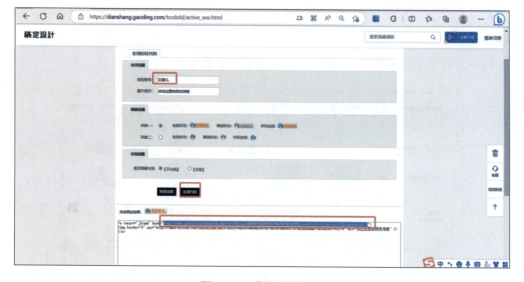

图 4-87　获取客服链接

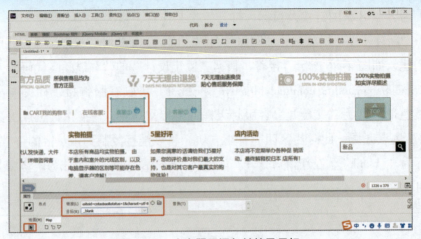

图 4-88　为客服区添加链接及目标

（5）为 TOP 区设置链接及目标。选中"TOP"，其"链接"为网店地址，"目标为""_top"，如图 4-89 所示。

图 4-89　为 TOP 区添加链接及目标

（6）修改默认的地图名称为"yewei"，如图 4-90 所示。

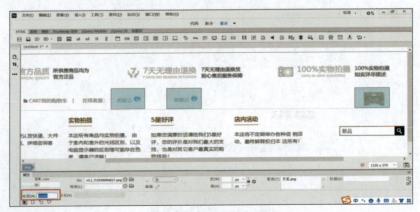

图 4-90　重命名名称

（7）切换至"代码"视图，将所有代码复制粘贴到"稿定设计"的通栏模块（https：//dianshang.gaoding.com/toolold/active_nomo.html）中，生成全屏代码，如图 4-91 所示，选择"店铺类型"为"淘宝店"，主体尺寸即为图片的尺寸。

图 4-91　全屏代码生成

（8）由于页尾区宽度限制为 950 px，无法用全屏代码突破其限制，故将生成的代码复制到首页内页的自定义模块源码区，该模块需要放置在页面最底部。确认效果后，发布店铺。当客户点击"客服①"时，页面会自动跳转至客户与艾薇儿的旺旺聊天框，如图 4-92 所示。

图 4-92　旺旺聊天框

提示：在对首页进行装修时规划了单独的页尾设计，但是在打开店铺的其他页面时却看不到页尾。这是因为在装修后台上传图片时，将页尾和内页的内容一并上传至内页区域中，并未将页尾的图片放入单独的页尾模块汇总，导致页尾区域仍然是空白，进而丧失了页尾的全店显示功能。在这种情况下，如果需要在其他页面也显示页尾区，可以依次添加。

任务实施

请根据任务描述中的工作内容，将任务实施过程中的关键讨论点及执行点进行记录（表4–4、表4–5）。

表 4–4　任务讨论记录

任务讨论	讨论记录

表 4–5　任务执行记录

任务执行	执行记录

任务评价（表4-6）

表 4–6　首页高级装修任务评价

评价任务	评价标准	评价结果	
		完成	未完成
店招高级装修	能够完成动态店招设计		
	能够为动态店招添加热点地图		
产品展示部分装修	能够设计产品展示区的主要框架		
	能够为产品展示区设置合适的热点链接		
优惠券设置	能够完成优惠券后台设置		
	能够设计风格统一、切合主题的优惠券模块设计		
页尾区域设置	能够设计一个售后保障型的页尾区域		
	能够为页尾区域设置对应的热点地图		

任务 4.3　网店视频装修

任务描述

随着移动电商的快速发展，视频成了各大电商平台吸引流量的一个重要途径。对于消费者来说，视频的展现方式更加简单、明了，形式新颖，符合当下的时代潮流，视频的展现可以使他们更全面、清晰地了解商品和品牌的具体信息。因此，视频的拍摄与制作也是网店美工人员的必备技能之一。本任务先对网店视频的基本要求进行讲解，再对视频拍摄的基础知识、流程、技巧等加以说明，最后通过实战为店铺首页添加视频。

本任务的工作内容有：

（1）根据视频拍摄、剪辑要点，为某食品店首页制作一个品牌宣传视频。

（2）根据淘宝视频上传要求，完成店铺首页视频的上传。

任务分析

要对店铺首页进行视频装修，首先要对视频内容进行构思、拍摄、剪辑，然后把准备好的视频上传，除此之外，卖家需要订购视频服务才能展示商品视频。

知识储备

4.3.1　视频控制

1. 认识网店视频

在店铺装修过程中，往往需要用到视频。通过视频可以展现产品的使用效果、穿着效果等，它不仅能让产品变得真实，拉近产品与消费者的距离，还能对产品的使用方法和注意事项进行展示。

目前，电商平台的大多数商品类目基本都支持视频功能，以淘宝为例，男装、护肤品、书籍、零食、家装主材、厨房电器、运动鞋、笔记本电脑、布艺软饰、工艺饰品、特色手工艺、基础建材、3C 数码配件等类目均支持视频功能，但成人用品、内衣、理财、网络服务、软件、保健食品等类目则不支持视频功能。商家要熟悉所在电商平台的要求，避免出现制作了视频但无法上传的情况。

2. 上传视频要达到的要求

不同的电商平台对视频的要求有所不同，下面以淘宝为例讲解上传视频的具体要求。

淘宝视频通常分为详情视频、主图视频与首页轮播视频三种。详情视频出现在宝贝的详情页面里，而主图视频出现在第1张主图前面。轮播视频主要应用于首页的轮播区域。在很多店铺首页中，导航下方往往会设置视频，相较于轮播图，视频广告宣传效果更好。详情视频和首页轮播视频都需要订购淘宝视频服务才能发布使用，主图视频则无须订购。

（1）视频的大小和长度。主图视频的视频时长要不多于60 s，不少于5 s，9~30 s为最佳，视频比例建议为1∶1、3∶4、16∶9；详情视频建议比例为16∶9，电脑端时长不超过10 min，无线端不超过2 min；首页轮播视频建议时长为5 s~3 min，大小不超过300 MB。

（2）视频的内容。上传的视频不能有违反主流文化、反动政治题材和色情暴力等内容，不能有侵害他人合法权益和侵犯版权的视频片段，应以品牌理念、制作工艺、商品展示为主。

（3）视频的格式与精度。淘宝后台会对上传的视频进行统一转码审核（不支持GIF动态图片格式），支持所有视频格式，常见的视频格式有AVI、MOV、ASF、WMV、NAVI、3GP、REALVIDEO、MKV、FLV、MPEG、MP4、F4V、M4V、M2T、MTS、RMVB、VOB等格式的文件。视频的精度建议在720dpi以上。

3. 为店铺首页添加视频

想要在页面中添加视频，首先要完成视频的准备工作。建议视频时长30 s~1 min，大小300 MB以内，其视频画幅比例可以为16∶9、3∶4、1∶1。

视频控制

（1）打开千牛工作台，选择"商品"→"视频空间"选项，单击"上传视频"按钮，如图4-93所示。

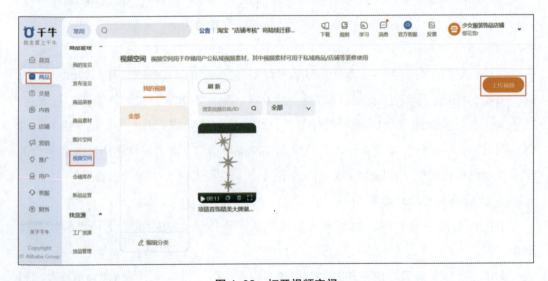

图4-93 打开视频空间

（2）选择视频所在路径，并填写文本，其中封面图在上传视频后会自动生成，如图 4-94 所示。上传以后淘宝需要一定的审核时间，其间显示"审核中"。审核通过以后即可预览视频效果。

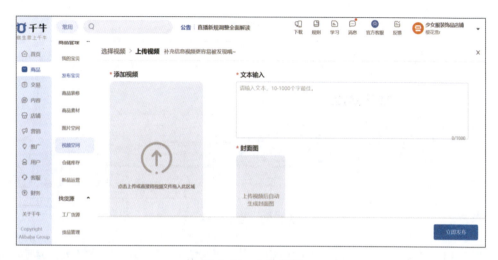

图 4-94　上传视频

（3）打开浏览器，输入网址（https：//dianshang.gaoding.com/toolold/active_video.html），进入"稿定设计"的视频海报制作页面，如图 4-95 所示。

图 4-95　稿定设计视频海报制作页面

（4）在"视频海报内容"窗口，设置"图片地址"和"视频地址"，在预览窗口调整视频窗口的大小和位置，然后生成代码，如图 4-96 所示。

图 4-96　生成代码

（5）将代码复制到首页自定义模块源码区，并发布店铺，查看装修效果。注意：必须先订购视频服务才能展示商品视频。

任务实施

请根据任务描述中的工作内容，将任务实施过程中的关键讨论点及执行点进行记录（表 4-7、表 4-8）。

表 4-7　任务讨论记录

任务讨论	讨论记录

表 4-8　任务执行记录

任务执行	执行记录

任务评价（表 4-9）

表 4-9   网店视频装修任务评价

评价任务	评价标准	评价结果	
		完成	未完成
网店视频装修	能够制作一个符合店铺形象的品牌宣传型网店视频		
	网店视频时长不低于 15s		
	能够完成视频的上传		

思政园地

赏析优秀商品包装，培养审美意识

春节是中国最重要的传统节日，春节营销自然也是各大品牌最为重要的营销。为了借势春节公共属性流量、在春节营销中抢占视线，个性定制与传统元素碰撞的包装礼盒成为品牌春节营销的关注点。

消费者每天被数不尽的各种奇趣新潮的品牌产品淹没，他们对产品的颜值和新奇阈值也愈来愈高。为了吸引"吃货们"的目光，不少品牌从包装设计上下功夫，配色上找突破，国潮插画加持、二次元破壁……好的设计不仅能让新晋品牌吸引眼球，还能让老品牌重新焕发生机。

健力宝故宫联名——太平有象

健力宝联合故宫博物院，推出"太平有象"新年装橙蜜饮料：添加东北椴树蜜，内含电解质，可快速补水解渴，有效维持人体电解质平衡。该设计源自中国传统的吉祥纹样，寄寓盛世太平，祝福国家天下太平、人民吉祥平安。

太平有象，形象为大象背托宝瓶，寓意海晏河清，象征太平盛世。国有象，则天下太平；家有象，则吉祥平安。因而有了太平有象的寄喻。太平有象的形象，历代多有塑造，因瓶与平同音，故吉祥图案常画象驮宝瓶。

这小小的礼盒上有十种吉祥祝福：

（1）象，又兼有景象之意，代表着四海平宁。

（2）象驮宝瓶，象征吉祥平安。

（3）国潮宝瓶二次创作，宝瓶中嵌福字纹和寿字纹，寓意福寿安康。

（4）冠军杯部分采用江水纹作底，寓意财源滚滚。

（5）象向下吸水，水为财，即有招财之意，向上升腾的祥云，象征福运（云）、财运（云）生生（升升）不息。

（6）根据文物掐丝珐琅太平有象设计，成对大象立于冠军杯两侧，寓意好事成双。

（7）大象头顶宝石，面露微笑，慈眉善目，周身披戴宝石挂饰，寓意富贵吉祥。

（8）底部江水海崖景象，代表四海升平、山河永固。

（9）蜂巢纹产品信息，寓意甜蜜团圆。

（10）二维码的对称象吸水纹修饰，寓意扫码招财进宝。

知识与技能训练

同步测试

一、单项选择题

（1）在淘宝装修中，以下（   ）类目不支持视频功能。

A. 零食　　　　　　　　　　　　B. 网络软件

C. 家装主材　　　　　　　　　　D. 厨房电器

（2）在设置页尾区返回顶部链接时，其网页打开方式应选择（   ）。

A. _blank　　　　　　　　　　　B. _top

C. _parent　　　　　　　　　　D. _new

（3）通过无门槛大额店铺券吸引买家到店，并能有效维持店铺买家活跃度的优惠券是（   ）。

A. 领取型优惠券　　　　　　　　B. 金币兑换型优惠券

C. 秒抢优惠券　　　　　　　　　D. 聚人气优惠券

（4）以下软件中不可以用来制作动态店招的是（　　　）。

A. Easy GIF Animator　　　　　　B. Ulead GIF Animator

C. Adobe Audition　　　　　　　D. Photoshop

（5）（　　　）就是通过划分图片的区域，对不同的区域添加不同页面的链接，当点击图片时，会根据点击的区域跳转到相应的页面中。

A. 图片地图　　　　　　　　　　B. 图片标签

C. 图片链接　　　　　　　　　　D. 图片目标

二、多项选择题

（1）以下关于主图视频说法正确的是（　　　）。

A. 主图视频需要订购淘宝视频服务才能使用

B. 主图视频的比例只能为 3∶4

C. 主图视频的长度不能超过 60 s

D. 主图视频的长度最短为 9 s

（2）以下关于页尾的说法正确的是（　　　）。

A. 页尾在整个店铺页面中算是一个"补充说明"的模块，因此包含的信息要全

B. 页尾的尺寸最好固定在 950 px

C. 在通常情况下，页尾包含的文字信息都比较少，因此字号要大

D. 在页尾设计中，需要给页面添加一些图案装饰，会使页面效果看起来更丰富且有变化

（3）在设置优惠券的门槛和面额时，以下属于需要关注的要素的是（　　　）。

A. 店内近三个月人均成交件数　　B. 店内近三个月销售量

C. 梯级跨度把控　　　　　　　　D. 店内近三个月客单价

（4）一个好的横幅广告，有让人立刻进入的冲动，具体来说有（　　　）技巧。

A. 重复性　　　　　　　　　　　B. 设计繁杂

C. 夸张　　　　　　　　　　　　D. 点缀元素要多

（5）常见的产品展示区展示方法包括（　　　）。

A. m×n 陈列　　　　　　　　　B. 图文对应

C. 关联搭配　　　　　　　　　　D. 左右结合

三、判断题

（1）详情视频和首页轮播视频需要订购淘宝视频服务才能发布使用。　　　　　（　　　）

（2）淘宝后台会对所有上传的视频进行统一转码审核。　　　　　　　　　　　（　　　）

（3）淘宝店铺的页头和页尾都是全店显示的。 （ ）

（4）低门槛优惠券更加适合设定短周期，作为"羊毛"，适当给用户制造些时间压力，不会带来用户过多反感。 （ ）

（5）买家进入店铺以后前三屏的点击量是最高的，而越靠后的模块点击量则越低。

（ ）

综合实训

一、实训目的

通过综合实训学习，学生能够利用代码完成店铺的高级装修。

二、实训要求

（1）根据视觉营销设计要点，完成网店页面图片、视频制作。

（2）根据所学的代码装修知识，为图片添加热点地图，完成鲜小圈网店的首页装修。

三、实训内容

任务1：制作动态店招并添加热点地图

任务操作1：打开 Photoshop，新建图像，设置其尺寸为 1 920 px×120 px，将做好的店招、动画图案分图层置入，如图 4-97 所示，注意各图案的图层顺序。

图 4-97　新建图像

任务操作2：选择店招图层，在 Photoshop 中打开"窗口"→"时间轴"选项，选择创建帧动画。

任务操作3：单击"创建帧动画"选项，生成第一个关键帧，关键帧1对应店招图层，其他图层不显示。再单击加号复制当前帧，生成关键帧2，该关键帧在图层面板中对应大虾图层，隐藏其他图层。图层和关键帧对应效果如图4-98和图4-99所示。同样的方法再创建关键帧4、5、6。两个关键帧之间间隔时间可以是0.2 s或0.5 s。

图4-98　关键帧1

图4-99　关键帧2

任务操作4：新建参考线，使参考线中间间隔为950 px，如图4-100所示。选择"文件"→"导出"→"存储为Web所用格式"选项，选中中间的图片，将其保存为GIF格式，命名为"店招950 px"，如图4-101所示。

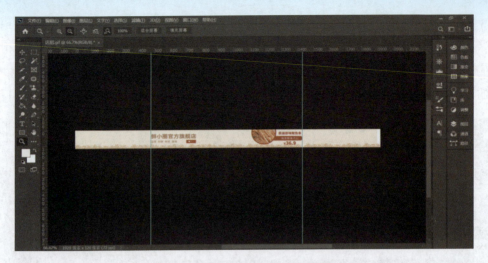

图 4–100　将店招 950 px 部分切片

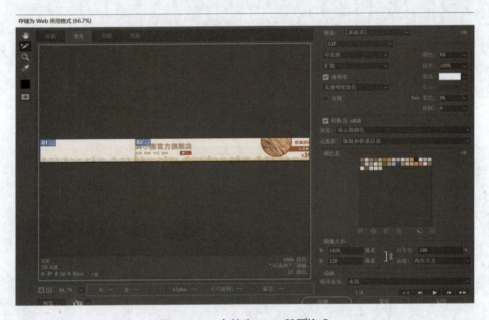

图 4–101　存储为 Web 所用格式

　　另外，在中间部分新建一个白色矩形框，如图 4–102 所示，将图片保存为 GIF 动画，命名为"页头"。

　　任务操作 5：将"店招 950 px"上传至千牛工作台"图片空间"，复制代码，如图 4–103 所示。

　　任务操作 6：打开 Dreamweaver，新建 HTML 文件，清除原始代码，将复制的代码粘贴至文档中，切换至"设计"视图，为关注图标以及鱿鱼条图标分别画一个热点地图，并设置对应的链接、打开方式等，如图 4–104 所示。

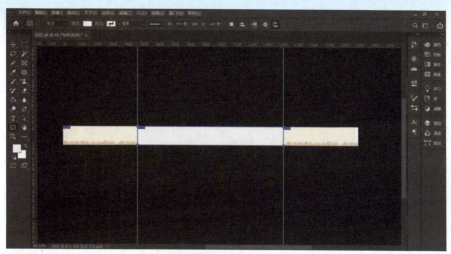

图 4-102   页头区

图 4-103   上传店招至图片空间并复制代码

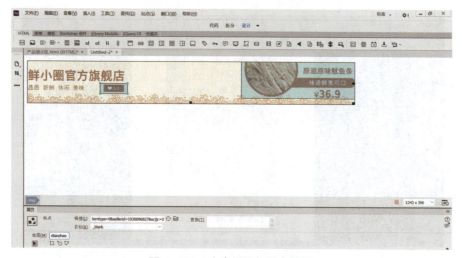

图 4-104   为店招添加热点地图

任务操作7：将代码复制到店铺装修页面店招模块中的源码区，并将页头背景图更换为制作好的页头 GIF 图片，选择"不平铺""居中"选项，如图 4-105 所示。店招最终效果如图 4-106 所示。

图 4-105　设置页头区域

图 4-106　动态店招效果

任务 2：制作产品展示区

任务操作1：打开 Photoshop，将做好的产品展示图进行切片处理。根据页面内容拉出参考线，选择切片工具，根据参考线进行切片，如图 4-107 所示。

图 4-107　切片处理

任务操作 2：将文件存储为 Web 所用样式。选择"新建"→"导出"→"存储为 Web 所用格式"选项，按住 Shift 键选中所有切片，保存为"HTML 和图像文件"格式，如图 4-108 所示。

图 4-108　切片存储

任务操作 3：将切片后的 3 张图片上传到千牛工作台的"图片空间"，同时在 Dreamweaver 中打开 HTML 文件，如图 4-109 所示。

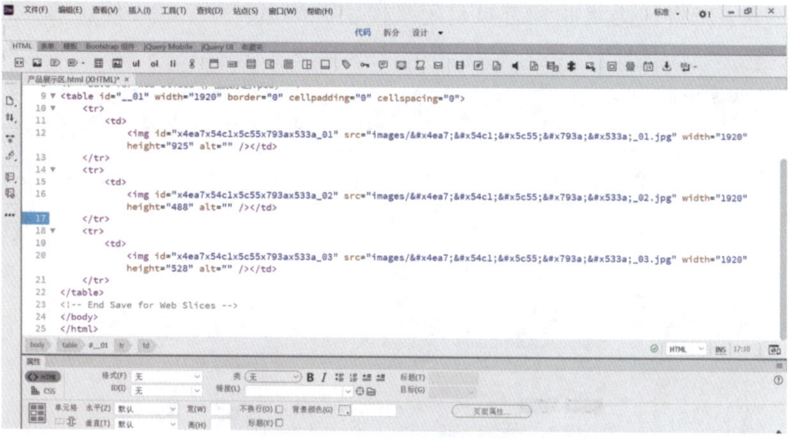

图 4-109　打开 HTML 文件

任务操作 4：将上图中的 3 张图片地址替换成"图片空间"的网络图片地址，如图 4-110 所示。

图 4-110　替换图片地址

任务操作 5：使用热点工具为所有图片添加热点，并设置热点属性，如图 4-111 所示。

图 4-111　添加热点

任务操作 6：将 Body 部分代码复制至"稿定设计"通栏模块中，生成全屏代码，如图 4-112 所示，将代码复制到首页自定义模块源码区。

图 4-112　生成全屏代码

任务 3：设置优惠券模块

任务操作 1：新建 3 张店铺优惠券，分别为满 99 元减 10 元，满 129 元减 15 元，满 199 元减 30 元，如图 4-113 所示。可单击优惠券右侧的"链接"获取优惠券的链接地址。

图 4-113　创建店铺优惠券

任务操作 2：将做好的优惠券效果图上传至千牛工作台的"图片空间"，如图 4-114 所示，并复制优惠券代码。

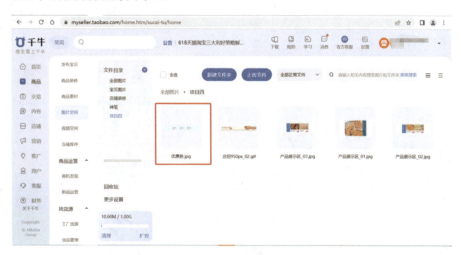

图 4-114　上传优惠券图

任务操作 3：打开 Dreamweaver，新建 HTML 文件，并清除原始代码，将复制的代码粘贴到 Dreamweaver 中，切换至"设计"视图，为优惠券添加热点地图，并设置对应的链接、打开方式、地图名称等，如图 4-115 所示。

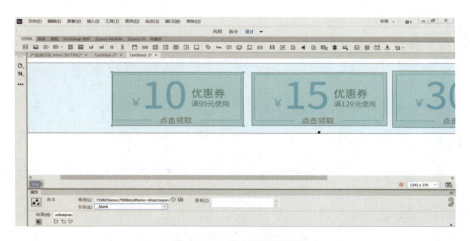

图 4-115　设置热点地图

任务操作 4：将代码粘贴至"稿定设计"通栏模块中，生成全屏代码，然后将生成的代码复制到店铺装修自定义模块源码区，完成优惠券模块的装修。

任务 4：设置页尾区域

任务操作 1：将做好的页尾图上传至千牛工作台的"图片空间"，如图 4-116 所示，并复制页尾图代码。

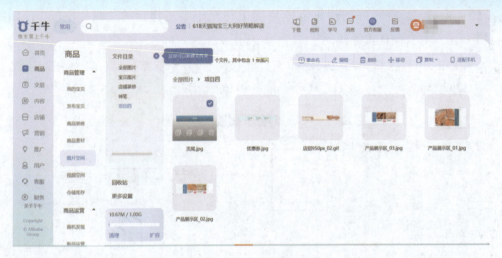

图 4-116　上传页尾图

任务操作 2：打开 Dreamweaver，新建 HTML 文件，并清除原始代码，将复制的代码粘贴到"代码"视图中，如图 4-117 所示。

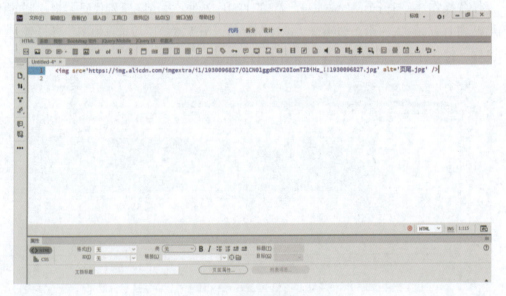

图 4-117　粘贴页尾图片代码

任务操作 3：切换至"设计"视图，为页尾图片添加热点区域，并为热点区添加对应的链接及目标、修改地图名称等。

"联系客服"区域的链接获取需要先在千牛工作台完成客服子账号的创建，如图 4-118 所示。接着，根据"稿定设计"在线旺旺代码生产工具获取客服链接，如图 4-119 所示。将客服链接地址粘贴至"联系客服"热点区域对应的链接属性中，选择目标为"_blank"，在新窗口打开，如图 4-120 所示。

图 4-118　新建客服子账号

图 4-119　获取客服链接

图 4-120　为客服区添加链接及目标

而"返回顶部"热点区域的"链接"为网店地址，目标"为 _top"，如图 4-121 所示。

任务操作 4：切换至"代码"视图，将所有代码复制粘贴到"稿定设计"通栏模块中，生成全屏代码，如图 4-122 所示。

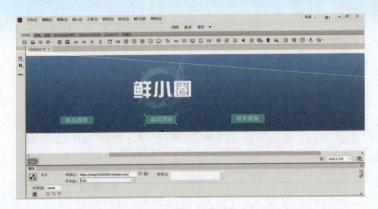

图 4-121　为"返回顶部"添加链接及目标

图 4-122　生成全屏代码

任务操作 5：将生成的代码复制到首页内页的自定义模块源码区，并放置在页面最底部，确认效果后，发布店铺。

任务 5：为网店添加视频

任务操作 1：打开千牛工作台，将制作好的视频、海报图分别上传至"视频空间""图片空间"，如图 4-123、图 4-124 所示。

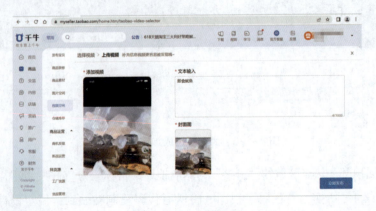

图 4-123　上传视频

图 4-124　上传海报

任务操作 2：进入"稿定设计"的视频海报制作页面，设置"图片地址"和"视频地址"，在预览窗口调整视频窗口的大小和位置，然后生成代码，如图 4-125 所示。

图 4-125　生成代码

任务操作 3：将代码复制到首页自定义模块源码区，并发布店铺，查看装修效果。

【项目介绍】

在单元 4 中我们已经学会了基础的 HTML 语言以及 CSS 样式的基本知识及应用，但淘宝平台为了让装修效果可控，它会屏蔽部分代码。因此为了可以完成更加个性化的店铺装修，本单元主要介绍使用上两章所学的代码知识，结合淘宝模块的特性，对页头进行创意设计，展示店铺的特色。

【学习目标】

知识目标

- 掌握网店装修中要使用到的 HTML 语言。
- 了解店招搜索框的构成要素。
- 了解自定义导航的样式。
- 掌握淘宝装修模块中要用到的类。

技能目标

- 能够使用 Dreamweaver 完成网店自定义装修。
- 能够利用定位布局代码完成店招搜索框的设置。
- 掌握网店首页导航的自定义设计代码等。

素质目标

- 树立创新意识。
- 培养终身学习的意识及发现问题并解决问题的能力。

【思维导图】

页头自定义装修

为店招添加搜索框
自定义导航样式设置

任务 5.1   页头自定义装修

任务描述

网店页头是消费者进入网店最先看到的区域，页头由店招和导航条两个模块组成。店招的主要作用是展示店铺的形象和商品定位；导航条则是通道最集中的模块，提供了通往不同商品分类和页面的入口。好的页头设计可以让消费者耳目一新，也可以帮助消费者快速找到所选产品分类，有助于提升客户消费体验。因此，店铺页头的装修至关重要。

本任务的主要工作内容有：

（1）能够利用 Photoshop 为店招制作合适的搜索框。

（2）能够利用定位布局代码为店招添加搜索框。

（3）能够利用 CSS 样式及淘宝自带的类完成自定义导航样式设置。

任务分析

为店招添加搜索框，首先要利用 Photoshop 为店招设计一个合适的搜索框，然后利用定位布局代码将其装修到淘宝店招自定义源码模块下；由于淘宝为导航栏开放了 CSS 权限，因此我们可以利用淘宝自带的类为导航栏设计自定义样式。

知识储备

5.1.1   为店招添加搜索框

1. 认识搜索框

（1）搜索框的定义及作用。

搜索框是一种常见的交互控件，用于精准提取海量信息中的准确内容，几乎存在于所有的互联网中。

例如，在日常浏览网店的过程中，我们会经常遇到无法快速找到商品的情况。网店聚集了大量的商品，虽然通过导航栏与商品分类将其进行了划分，但是，这种划分只能精确到三级类目，想要快速、精确地从店铺中找到心仪的商品，相对来说还是比较困难的。

为了解决商品难以快速定位的情况，需要在页面添加搜索框。不同于普通网页，网店页面经过了专门的装修设计，为了不影响页面整体的视觉效果，需要对搜索框的位置进行设计。一般来说，搜索框存在于页头区域的店招中。

（2）搜索框的构成。

搜索框的常见类型有搜索图标、基本搜索框、文字提示类搜索框、功能类搜索框。无论哪种搜索框，其基本的组成包括放大镜图标、文字提示、输入框三部分。

搜索框内的文字提示信息通常是提示用户当下可以搜索什么样的内容，如图 5-1 所示的 bilibili（哔哩哔哩）App 的搜索提示，它告诉用户可以进行"视频、番剧、UP 主或者 AV 号"的搜索，这样的提示信息对用户而言也是一种良性的引导，可以给用户提供心理预期，同时也对用户随意输入关键词而造成搜索无结果的伤害体验进行了限制。

随着人们对 App 的熟悉，用户在这里的认知负担已经基本消除了，运营人员逐渐抢占了这个地方。推荐的内容可以是由运营人员手动维护的，也可以是依据用户的购买习惯和行为习惯而推荐的。图 5-1 右边所示为淘宝 App 的搜索提示，搜索框的文案变成了"红人最爱潮牌棉服"，这就是运营人员在为特定的内容进行导流。

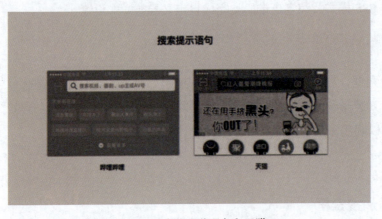

使用定位
布局为店招
增加搜索框

图 5-1　bilibili（哔哩哔哩）和天猫 App

2. 使用定位布局为店招添加搜索框

当用户滚动页面寻找内容时，可能并不能找到自己想要的内容，这时店招搜索框悬停在页面顶部，一是为了暗示用户可以进行搜索，二是为了让用户在需要搜索时可以快速触发搜索。接下来我们来讲解如何使用定位布局为店招添加搜索框。

（1）进入 Photoshop，打开店招 950 px×150 px 的文件，使用矩形选框工具选择搜索框右侧放大镜按钮，尺寸为 21 px×21 px，将其命名为"搜索按钮"，并保存为 JPG 或 PNG 格式，上传到"图片空间"备用，如图 5-2 所示。

（2）使用 Dreamweaver，打开淘宝搜索框代码，并替换其中的网店网址、"shopId"除此之外，还需要将输入的图片链接替换成"图片空间"中"搜索按钮"链接，并修改图片的尺寸，如图 5-3 所示。

图 5-2　搜索按钮

图 5-3　搜索框代码

（3）修改代码，为搜索框设置边框及颜色。在"style"里增加实线边框及颜色、浮动值，如图 5-4 所示。

图 5-4　设置边框

此时两者高度不一致，这是由于元素的内边距"padding"造成的，所以我们在"head"头部标签加上一个"style"调整"padding"和"margin"，如图5-5所示。此处需要注意代码的格式，因为Dreamweaver charset是utf-8，淘宝网址用的是GBK，输入文字搜索后，跳转到淘宝店会变成乱码。

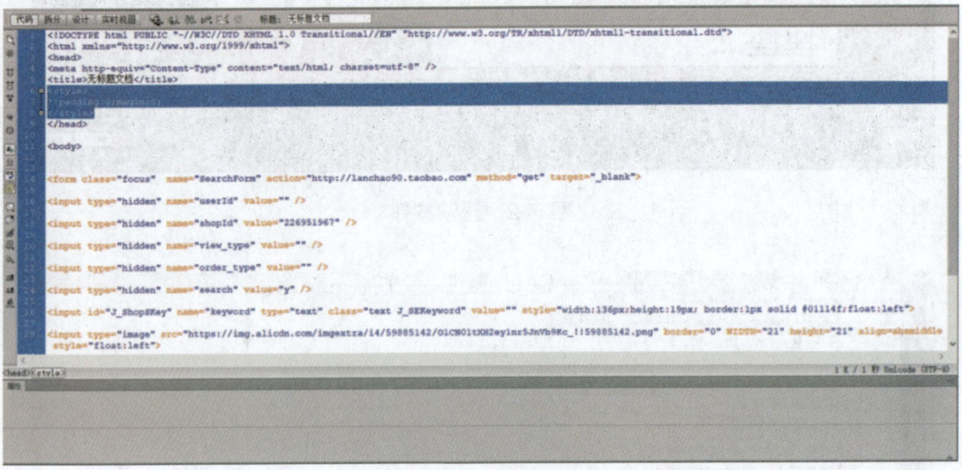

图5-5 调整内外间距

为了便于管理，将"form"外加"div"标签，将前面制作好的店招图片空间地址代码放入"body"的"p"标签中，同时"div"标签内容也剪切进"p"标签中，保存预览。

给"p"标签做相对定位，"div"标签做绝对定位，进行元素的偏移。在Photoshop中丈量搜索框左上角坐标，如图5-6所示。

图5-6 编辑偏移代码

（4）在Dreamweaver中为导航添加热点链接，然后复制代码到店招自定义源码窗口，预览后发现搜索框效果没有了。重新检查代码，发现绝对定位的代码消失了，这是因为淘宝屏蔽了这些代码，因此要使用淘宝自带的类footer-more-trigger，它自带绝对定位属性。按下F12，检查网页代码，查找footer-more-trigger的内容，如图5-7所示。

图 5-7　检查网页代码

修改 footer-more-trigger 中的属性，并修改父级的宽度，因为宽度太窄会将搜索框挤到下方无法点击。

（5）进入装修页面，单击"预览"按钮，效果如图 5-8 所示。

图 5-8　预览效果

5.1.2 自定义导航样式设置

1. 认识网店导航

网店导航指通过一定的技术手段，为店铺的顾客提供一定的途径，使顾客可以快速访问所需要的内容区，查看店铺的各类商品及信息，即网店导航是顾客浏览网店时可以帮助顾客从一个页面转到另一个页面的快速通道。它可以帮助客户用最短的时间快速找到想要的商品，其主要目的是减少顾客购物时的点击路径，有效提升购物的满意度体验。

因此，有条理的导航能够保证更多页面被访问，使店铺中的更多商品信息、活动信息被顾客发现，尤其是从宝贝详情页进入到其他页面，如果缺乏导航的指引，将极大影响店铺的转化率。

2. 网店导航的分类

目前，网店的导航主要分为顶部导航、左侧栏导航与自由导航三类。不同类型的导航位置与内容也有所不同。

（1）顶部导航。

顶部导航具有隐藏推荐的作用，它包含商品分类、搜索栏、自定义页面，其中自定义页面通常包含品牌故事、会员专区、购物须知等。顶部导航可分为淘宝默认导航和自定义导航。

淘宝默认导航是系统给出的默认模块，不用我们设计具体的效果，只需要添加在宝贝发布时创建的商品类目中即可。如图 5-9 所示，这是淘宝系统默认的导航，这种导航样式唯一，不能根据自己的意愿修改设计效果。

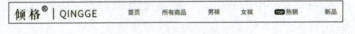

图 5-9 默认导航条

自定义导航是指经过制作图片、添加热点链接、复制代码等操作后生成的图片导航。图 5-10 所示是一个非常有个性的导航条。

倾格® | QINGGE　　首页　所有商品　男袜　女袜　TOP热销　新品

图 5-10 自定义导航条

（2）左侧栏导航。

左侧栏导航是店铺商品的推荐利器，它包含商品分类、收藏按钮、在线客服、热销热藏、商品推荐、其他超链等。其他超链包含手机店铺、加入会员等。左侧栏导航要求布局合理、内外一致。在设计布局时，可以将商品分类放在第一屏的位置，而热销、热藏商品展示放到左侧栏的底端。

（3）自由导航。

自由导航是指能在店铺任意位置摆放的具有导航作用的按钮或图片。自由导航主要按照商品类型设置导航栏，一般是由"图片 + 超链"组成。它可以指向某一分类或自定义页面，多用于店铺活动，可摆放在页面的任意位置。

3. 自定义导航的设计

自定义导航，可以满足店铺的需求，凸显店铺特色。接下来，我们来看一下如何设置自定义导航。

自定义
导航样式

（1）在 Photoshop 中制作好导航条，注意相应尺寸的垂直参考线和水平参考线。对店招 950 px × 120 px 区域进行切片存储，如图 5-11 所示。

图 5-11　切片存储

（2）将切片的店招装修到店铺中，同时将 1 920 px × 150 px 区域作为页头背景装修到店铺中，如图 5-12 所示。

图 5-12　页头装修

（3）或者在千牛工作台查看店铺，或者在浏览器中打开店铺，单击右键可以查看网页源码，单击箭头按钮（指定工具）可查看导航区的"div"标签类，比如首页及其他导航内容所在区的"div"是"ul.menu-list"，如图 5-13 所示。

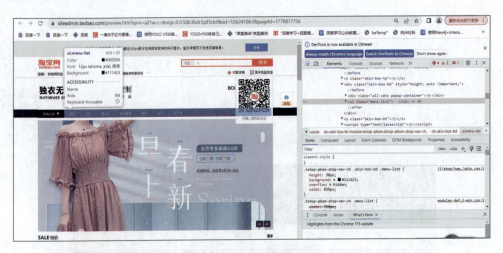

图 5-13　查看代码

在代码区选择整个导航条的类"skin-box-bd"，这个就是控制导航样式的类，如图 5-14 所示。

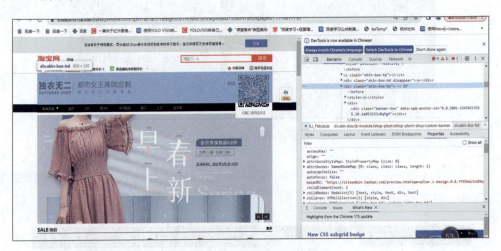

图 5-14　查看导航样式的类

（4）打开 Dreamweaver，编写代码控制导航条右侧的背景颜色为"#ff0000"，如图 5-15 所示。

添加类 menu-list，设置去除菜单列表的背景色，如图 5-16 所示。

修改菜单内容背景，如图 5-17 所示。

继续修改所有分类代码，在 Dreamweaver 中添加相关代码，如图 5-18 所示。

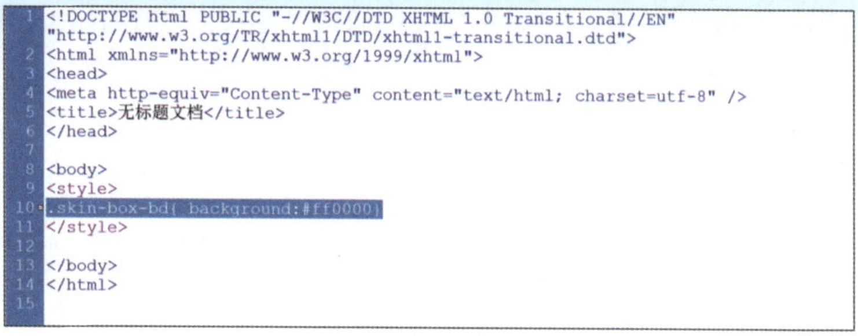

```
1  <!DOCTYPE html PUBLIC "-//W3C//DTD XHTML 1.0 Transitional//EN"
   "http://www.w3.org/TR/xhtml1/DTD/xhtml1-transitional.dtd">
2  <html xmlns="http://www.w3.org/1999/xhtml">
3  <head>
4  <meta http-equiv="Content-Type" content="text/html; charset=utf-8" />
5  <title>无标题文档</title>
6  </head>
7
8  <body>
9  <style>
10 .skin-box-bd{ background:#ff0000}
11 </style>
12
13 </body>
14 </html>
15
```

图 5-15　编辑导航条右侧背景色

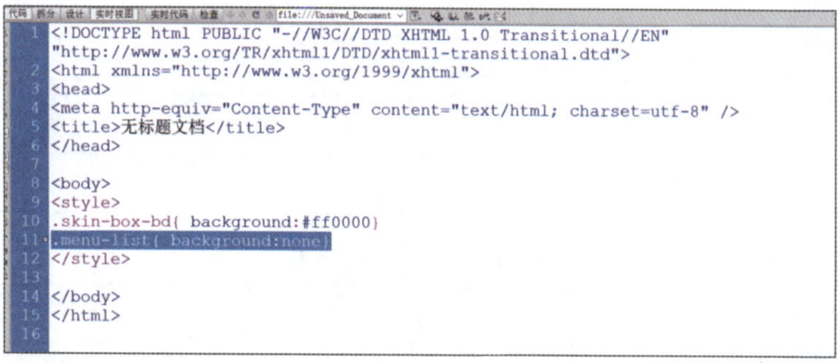

```
1  <!DOCTYPE html PUBLIC "-//W3C//DTD XHTML 1.0 Transitional//EN"
   "http://www.w3.org/TR/xhtml1/DTD/xhtml1-transitional.dtd">
2  <html xmlns="http://www.w3.org/1999/xhtml">
3  <head>
4  <meta http-equiv="Content-Type" content="text/html; charset=utf-8" />
5  <title>无标题文档</title>
6  </head>
7
8  <body>
9  <style>
10 .skin-box-bd{ background:#ff0000}
11 .menu-list{ background:none}
12 </style>
13
14 </body>
15 </html>
16
```

图 5-16　编辑菜单列表的背景色

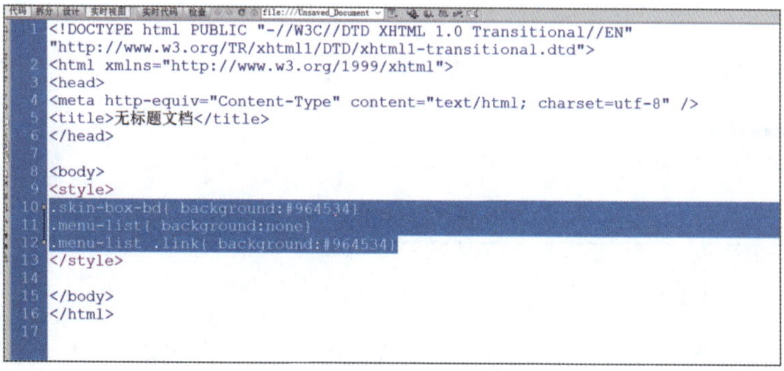

```
1  <!DOCTYPE html PUBLIC "-//W3C//DTD XHTML 1.0 Transitional//EN"
   "http://www.w3.org/TR/xhtml1/DTD/xhtml1-transitional.dtd">
2  <html xmlns="http://www.w3.org/1999/xhtml">
3  <head>
4  <meta http-equiv="Content-Type" content="text/html; charset=utf-8" />
5  <title>无标题文档</title>
6  </head>
7
8  <body>
9  <style>
10 .skin-box-bd{ background:#964534}
11 .menu-list{ background:none}
12 .menu-list .link{ background:#964534}
13 </style>
14
15 </body>
16 </html>
17
```

图 5-17　修改菜单内容背景

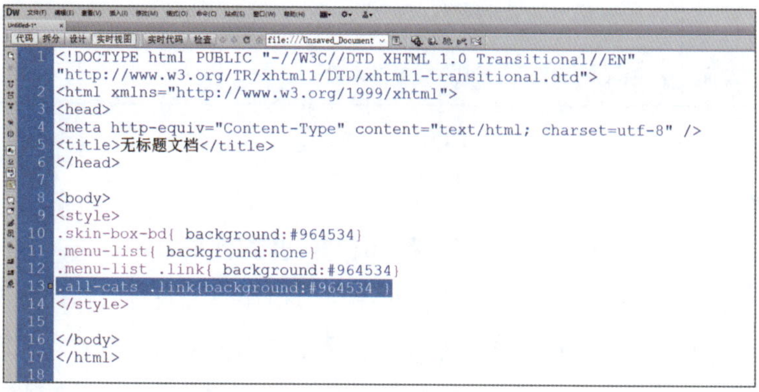

```
1  <!DOCTYPE html PUBLIC "-//W3C//DTD XHTML 1.0 Transitional//EN"
   "http://www.w3.org/TR/xhtml1/DTD/xhtml1-transitional.dtd">
2  <html xmlns="http://www.w3.org/1999/xhtml">
3  <head>
4  <meta http-equiv="Content-Type" content="text/html; charset=utf-8" />
5  <title>无标题文档</title>
6  </head>
7
8  <body>
9  <style>
10 .skin-box-bd{ background:#964534}
11 .menu-list{ background:none}
12 .menu-list .link{ background:#964534}
13 .all-cats .link{background:#964534 }
14 </style>
15
16 </body>
17 </html>
18
```

图 5-18　修改所有分类代码

（5）将代码复制到店铺导航条显示设置中，单击"确定"按钮，预览效果。根据预览效果继续调试代码。

任务实施

请根据任务描述中的工作内容，将任务实施过程中的关键讨论点及执行点进行记录（表5-1、表5-2）。

表5-1　任务讨论记录

任务讨论	讨论记录

表5-2　任务执行记录

任务执行	执行记录

任务评价（表5-3）

表5-3　使用代码装修自定义店铺任务评价

评价任务	评价标准	评价结果	
		完成	未完成
为店招添加搜索框	能够利用 Photoshop 软件制作搜索框		
	能够为店招添加搜索框		
自定义导航样式设置	能够利用代码完成自定义导航设置		

📑 **思政园地**

勇于创新和突破，成为行业的领军者

对于电商店铺来说，一个好的首页是品牌的门面。大多数成功的首页设计，都是经历过多次的淬炼与碰撞而形成的，在设计过程中，设计人员需要与各利益方进行博弈，以期在用户需求满足、优质体验、品牌宣传、运营诉求中达到最佳平衡。

某品牌首页的装修设计可谓别开生面。首先，首页采用了简洁明亮的色彩搭配，给人一种舒适和清新的感觉。蓝色和绿色的主色调，让整个页面看起来更加清爽，同时也突出了商品的吸引力。此外，页面的布局也进行了优化，商品分类更加清晰，用户可以更快速地找到所需商品。同时，页面上的推荐模块也经过了重新设计，更加智能化和个性化，可根据用户的购物偏好和历史记录，为用户提供更准确的推荐，提升购物的便利性和效率。

其次，首页还引入了一些新的互动元素，增强了用户的参与感。例如，新增了用户评价和晒单展示区域，用户可以在这里分享自己的购物心得和评价，同时也可以浏览其他用户的评价和晒单，提高购物的信任度。此外，还增设了热门商品投票和抽奖活动，用户可以参与投票和抽奖，与其他用户互动，增加了趣味性和活跃度。

另外，首页的装修设计还加强了品牌形象的展示和宣传。首页顶部采用了更大的品牌标识和品牌口号，让用户一进入页面就能清楚地了解到该品牌的特色和价值观。品牌形象的展示不仅增加了用户的品牌认知度，也增强了用户对品牌的信任感。同时，在页面的中部和底部还设置了品牌合作伙伴的推广位，展示了与知名品牌的合作关系，进一步提升了平台的可靠性和吸引力。

该品牌首页的装修设计体现了品牌一贯的创新精神和用户至上的理念。这种持续的创新和改进不仅为用户提供了更好的购物体验，也为品牌的发展打下了坚实的基础。

知识与技能训练

同步测试

一、单项选择题

（1）目前，淘宝店铺装修中免费开放 CSS 权限的只有（　　）模块。

A. 店招　　　　　　　　　　B. 导航条

C. 自定义页　　　　　　　　D. 页尾区

（2）（　　）位于店铺页面的顶端，主要包括店铺广告语、收藏按钮、关注按钮、促销产品、优惠券、活动信息、搜索框、店铺公告、网址、第二导航条、联系方式等。

A. 导航栏　　　　　　　　　B. 店招

C. 店标　　　　　　　　　　D. 页头

（3）下列有关网店店招的说法正确的是（　　　）。

A. 店招上的东西放得越多越好

B. 店招的作用主要是招徕顾客

C. 店招可以随便设计，没有设计原则

D. 产品推广型店招特点是有主推产品

（4）店招作为顾客了解店铺的第一印象，以下说法不正确的是（　　　）。

A. 店招应该色彩醒目，主题突出

B. 店招应该体现商品的所有特点

C. 淘宝的店招图片格式可以是 JPG，也可以是 GIF

D. 店招的文案应该文字精练，逻辑清晰

（5）店招不支持的图片格式为（　　　）。

A. JPG   B. JPEG

C. GIF   D. TIFF

二、多项选择题

（1）搜索框的常见类型包括（　　　）。

A. 搜索图标   B. 文字提示类搜索框

C. 功能类搜索框   D. 基本搜索框

（2）目前，网店的导航主要分为（　　　）。不同类型的导航其位置与内容也有所不同。

A. 顶部导航   B. 左侧栏导航

C. 自由导航   D. 默认导航

（3）顶部导航也可分为（　　　）。

A. 淘宝默认导航条   B. 自由导航

C. 左侧栏导航   D. 自定义导航条

（4）以下不是首页及其他导航内容所在区的"div"类的是（　　　）。

A. ul.menu-list   B. skin-box-bd

C. menu-list   D. menu-list.link

（5）以下关于导航条的代码说法正确的是（　　　）。

A. 导航背景色代码（除去"所有分类"）：.menu-list .link{background：#颜色代码；

B. 所有分类的背景色代码：.all-cats .link{background：#000000；

C. 导航条背景色（最底层）代码：.skin-box-bd{background：#颜色代码；

D. 鼠标滑过一级分类导航文字变换颜色代码：.menu-list.menu-hover.link.title{color：#FFFFFF；

三、判断题

（1）无论哪种搜索框，其基本的组成包括放大镜图标、文字提示、输入框三部分。

（　　）

（2）搜索框里的推荐内容可以由运营人员手动维护，也可以依据用户的购买习惯和行为习惯而推荐。（　　）

（3）店招应该做得越花哨越好，有助于增加店铺的吸引力。（　　）

（4）自由导航是指能在店铺任意位置摆放的具有导航作用的按钮或图片。（　　）

（5）淘宝网规定导航条的尺寸为 950 px 的宽度，150 px 的高度。（　　）

综合实训

一、实训目的

通过综合实训学习，学生能够利用代码完成店铺的页头自定义装修。

二、实训要求

（1）根据定位布局方法，为店招添加搜索框。

（2）根据所学的代码知识及淘宝自带的类，设计自定义导航，完成网店的页头装修。

三、实训内容

任务 1：为店招添加搜索框

任务操作 1：进入 Photoshop，打开店招 950 px×150 px 的文件，使用矩形选框工具选择搜索框右侧放大镜按钮，尺寸为 35 px×35 px。按下"Ctrl+Shift+C"键合并复制→按"Ctrl+N"键新建文件→按下"Ctrl+V"键粘贴→保存为 JPG 格式→命名为"搜索按钮"→上传到"图片空间"。除此之外，将 950 px 的店招也上传至"图片空间"备用，如图 5-19 所示。

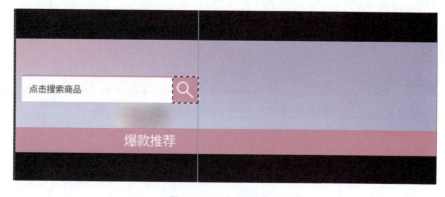

图 5-19　放大镜按钮

任务操作 2：使用 Dreamweaver 打开淘宝搜索框代码，替换其中的网店网址、“shopId”、图片链接，并修改图片的尺寸，如图 5-20 所示。

```
<body>
<form class="focus"  name="SearchForm" action="https://shop371033916.taobao.com/" method="get" target="_blank">

<input type="hidden" name="userId" value="" />

<input type="hidden" name="371033916" value="64973352" />

<input type="hidden" name="view_type" value="" />

<input type="hidden" name="order_type" value="" />

<input type="hidden" name="search" value="y" />

<input id="J_ShopSKey" name="keyword" type="text" class="text J_SEKeyword" value="" style="width:110px;height:17px;">

<input type="image" src="https://img.alicdn.com/imgextra/i1/1930096827/O1CN01biMuIp20IonKO6gxB_!!1930096827.jpg" border="0"
Width="35" height="35" align=absmiddle>

</form>
</body>
```

图 5-20 搜索框代码

任务操作 3：定义搜索框的样式，如实线边框、颜色、浮动值等，如图 5-21 所示。

```
<body>
<form class="focus"  name="SearchForm" action="https://shop371033916.taobao.com/" method="get" target="_blank">

<input type="hidden" name="userId" value="" />

<input type="hidden" name="371033916" value="64973352" />

<input type="hidden" name="view_type" value="" />

<input type="hidden" name="order_type" value="" />

<input type="hidden" name="search" value="y" />

<input id="J_ShopSKey" name="keyword" type="text" class="text J_SEKeyword" value="" style="width:205px;height:31px;border-top:
2px solid #f798c4;border-bottom-color: #ffffff; border-right: #ffffff;border-left:  #ffffff;float: left">

<input type="image" src="https://img.alicdn.com/imgextra/i1/1930096827/O1CN01biMuIp20IonKO6gxB_!!1930096827.jpg" border="0"
Width="35" height="35" align=absmiddle style="float:left">

</form>
</body>
```

图 5-21 设置边框

任务操作 4：清除内间距和外边距，并为店招以及搜索框添加定位标签，将搜索框调整至店招的合适位置，如图 5-22 所示。

```
<style>
    *{padding:0;margin:0}
</style>
</head>

<body>
<p style="position: relative">
     <img src='https://img.alicdn.com/imgextra/i4/1930096827/O1CN01rKhHjo20IonJ1mjAw_!!1930096827.jpg' alt='店招.jpg' />
</p>
<div style="top:48px;left:710px;border: none;padding: 0;width: 240px" class="footer-more-trigger">
<form class="focus"  name="SearchForm" action="https://shop371033916.taobao.com/" method="get" target="_blank">

<input type="hidden" name="userId" value="" />

<input type="hidden" name="371033916" value="64973352" />

<input type="hidden" name="view_type" value="" />

<input type="hidden" name="order_type" value="" />

<input type="hidden" name="search" value="y" />

```

图 5-22 编辑定位代码

任务操作 5：将代码复制到店铺装修自定义店招区，预览效果如图 5-23 所示。

图 5-23　带有搜索框的店招

任务 2：设计自定义导航条

任务操作 1：进入 Photoshop，打开店招 950 px×150 px 的文件，吸取导航条的背景色为 "#f698c3"。

任务操作 2：打开 Dreamweaver，编辑导航条代码，如图 5-24 所示。

```
 9 ▼ <style>
10       .skin-box-bd {background: #f698c3}
11       .menu-list{background: none}
12       .menu-list .link{background:#f698c3;padding-left:120px }
13       .all-cats .link{background:#f698c3 }
14       .menu-list .menu{border-color:#f698c3;}
15       .all-cats .link{border-right: #f698c3;}
16       .menu-list .menu .title{color:#ffffff;font-size:16px;}
17       .all-cats .link .title{color:#ffffff;font-size:16px;}
18   </style>
```

图 5-24　自定义导航代码

任务操作 3：将代码复制到店铺装修导航条显示设置中，并修改导航设置。完成设置后预览效果，如图 5-25 所示。

图 5-25　自定义导航条最终效果

【项目介绍】

在装修网络店铺时，用系统模板制作的效果有限，诸如全屏轮播图、收缩分类、悬浮广告、倒计时、鼠标点击翻转和切换等这些动态效果不能直接使用模板生成，而是需要使用代码实现这些效果。具有动态效果的淘宝店铺能第一时间吸引买家眼球，增加点击率，并给客户趣味性的购物体验。因此，本单元主要讲解如何利用淘宝开发平台的 J_Twidget 来实现淘宝店铺中的动态效果，并使用 SNS 组件增加更多功能，使淘宝页面更具有可看性。

【学习目标】

知识目标

- 了解淘宝装修中 J_Twidget 规范的类型。
- 熟悉 J_Twidget 规范各类型的参数。
- 了解淘宝装修中常用的 SNS 组件。
- 熟悉 SNS 各组件的配置参数。

技能目标

- 掌握 J_Twidget 规范的使用方法。
- 掌握 SNS 组件的配置方法。

素质目标

- 培养学生的逻辑思维能力，增强创新意识。
- 培养严谨的科学态度。

【思维导图】

淘宝J_Twidget规范应用

旋转木马特效制作
Popup弹出层应用
倒计时的应用

任务 6.1　淘宝 J_Twidget 规范应用

任务描述

为了使网店展示效果更加丰富，增加与访问者的互动，网店越来越多地使用了各种动态特效，如悬浮广告、倒计时、全屏轮播图等。动态特效主要依靠一些控件和脚本语言（如 JavaScript、VBScript）的内容，但由于淘宝会过滤 JS 代码，故本任务主要讲解利用淘宝编写的 J_Twidget 规范制作动态效果。

本任务的主要工作内容有：

（1）根据旋转木马代码，为淘宝店铺首页设置带有左右箭头的轮播图。

（2）应用 Popup 弹出层为店招设置下拉菜单。

（3）为店铺首页设置倒计时效果。

任务分析

为店铺设置带有左右箭头的轮播图，需要用到 J_Twidget 规范中的旋转木马组件；为店招设置下拉菜单，可以利用 J_Twidget 规范中的 Popup 弹出层；店铺倒计时效果的设置，需要先利用"稿定设计"代码生成工具完成倒计时组件的基础设置，然后利用 Dreamweaver 软件微调倒计时组件的代码，使其符合实际需求。

知识储备

6.1.1　旋转木马特效制作

1. 认识 J_TWidget

在淘宝装修中需要用到一些功能比较丰富的组件，如图片轮播、标签页等，这些组件都需要编写 Javascript（简称 JS）才能完成。考虑到前期 JavaScript 是不对设计师开放的，所以淘宝提供了一些 Widget 库，方便设计调用，形成特定的组件。一般设计师可以通过载入淘宝的 JS 框架来渲染，如图 6-1 所示。

```
<div class="J_TWidget" data-type="Slide" data-cfg="{…}">

    <!-- code -- >

</div>
```

图 6-1　JS 框架载入

通过该代码，我们会获取名字叫"J_TWidget"的元素，并根据其类型和配置信息，渲染相应的效果。但在调用组件时，不建议在组件内部嵌套另外一个组件，如 Popup 弹出层组件内部再嵌套一个 Popup 组件，这样可能会导致组件无法正常使用。

2．Widget 类型

Widget 中文名为小组件，目前淘宝提供的 Widget 分为七种：标签页 Tabs、卡盘 Slide、旋转木马 Carousel、手风琴 Accordion、弹出层 Popup、倒计时 Countdown、兼容性 组件 Compatible。针对每种不同的动画效果需要配置不同的参数，配合不同的 DOM 结构。

其中标签页 Tabs、卡盘 Slide 和旋转木马 Carousel 的外观类似，它们都有一个导航 区域和一个内容区域，下面以旋转木马为例（即我们常见的轮播）介绍制作方法。

3．认识旋转木马代码

（1）所需的 DOM 结构。

DOM（Document Object Model）称为文件对象模型，是 W3C 组织推荐的处理可扩 展置标语言的标准编程接口。DOM 结构是 HTML 文档的内存对象表示，它提供了使用 JavaScript 与网页交互的方式。在旋转木马 DOM 结构中，需要滚动的对象依次罗列，包 含在内容区的容器中，同时需要两个不同 ID 的容器来分别包含上下翻页的按钮，另外 可以将每一组内容再独自包含在一个无序列表中，具体如图 6-2 所示。

```html
<div class="section J_TWidget">
<span id="scroller-prev" class="prev disable">? 上一页</span>
<span id="scroller-next" class="next">下一页 ?</span>
<div class="scroller">
    <div class="ks-switchable-content">

        <img alt="" src="###"/>
        <img alt="" src="###"/>
    <img alt="" src="###"/>

        <img alt="" src="###"/>
    <img alt="" src="###"/>
    <img alt="" src="###"/>

        <img alt="" src="###"/>
    <img alt="" src="###"/>
    <img alt="" src="###"/>
    </div>
    <ul class="ks-switchable-nav">
        <li class="ks-active">?</li>
        <li>?</li>
        <li>?</li>
    </ul>
</div>
</div>
```

图 6-2　旋转木马 DOM 结构

（2）组件调用方法。

Carousel 本质上是一个幻灯片，循环展示不同的元素，通常展示的是图片，就像旋 转木马一样。其组件调用方法如图 6-3 所示，载入淘宝的 JS 框架后，将"data-widget-

"type"命名为"Carousel"，即指定其类型为旋转木马，并为其配置"config"参数。config 参数需要用花括号包含，其格式为：{'属性 1'：'值 1'，'属性 2'：'值 2'}。

```
<div class="J_TWidget"  data-widget-type="Carousel"  data-widget-config=" {
'effect': 'scrollx',
            'easing': 'easeOutStrong',
            'steps': 5,
            'viewSize': [680],
            'circular': false,
            'prevBtnCls': 'prev',
            'nextBtnCls': 'next',
            'disableBtnCls': 'disable',
    }">
<!--  code  -- >
</div>
```

图 6-3　旋转木马组件调用方法

（3）参数配置。

Carousel 的参数中较为常用的为 effect、navCls、contentCls。

effect 即动画切换时的动画效果，它有四个参数可选值，即 none/fade/scrolly/scrollx。none 是指最朴素的显示与隐藏效果，鼠标移入时，一张图片显示，其余图片隐藏。fade 是指淡入淡出的效果，它是基于透明度的变换而实现的。而 scrolly 和 scrollx 分别是指垂直滚动和水平滚动。

navCls 是对图片进行轮播的目标列表的 class 值，也就是无序列表中按钮区的 class 值，这个值是可以自己定义的，例如定义为"btn"。

contentCls 代表的是轮播列表所对应的内容列表的 class 值，即无序列表中内容区的 class 值。

除此之外，还有几个比较重要的参数需要配置，即 autoplay 和 interval。autoplay 称为自动播放，其参数值需设为"true"，只要页面打开就自动播放图片。interval 代表的是时间间隙，即间隔多久播放图片。需要注意的是，字符串"true"和时间间隔不需要加单引号，如图 6-4 所示。

```
<div class="J_TWidget" data-widget-type="Carousel" data-widget-config="
{'effect':'fade','navCls':btn','contentCls:neirong','autoplay':true,'interval':2}"
    <div>
    <ul class="neirong">
        <li><img src=""></li>
        <li><img src=""></li>
        <li><img src=""></li>
    </ul>
    <ul class="btn">
        <li></li>
        <li></li>
        <li></li>
    </ul>
    </div>
</div>
```

图 6-4　旋转木马参数撰写规范

4. 旋转木马制作

旋转木马即图片轮播，在吸引买家注意、塑造店铺形象、打造店铺品牌、推广促销商品方面，起到了至关重要的作用。下面以带有左右按钮的轮播图（如图 6-5 所示）为例讲述旋转木马制作的过程，具体操作步骤如下。

图 6-5　带有左右按钮的轮播图

（1）打开 Dreamweaver 2021，新建 HTML 文件，并删除代码说明信息。

（2）调用旋转木马组件，并搭建基础的代码结构，如图 6-6 所示。最外层的 <div> 为 JS 框架，我们获取名字叫"J_TWidget"的元素，并规定了其类型为旋转木马"Carousel"。第二个 <div> 则包含了两个 <ul> 列表，第一个 <ul> 为内容区，展示轮播图片，其 class 值为"neirong"。<ul> 列表里包含了 <li> 列表项目，这是 HTML 代码的基本结构。在 <li> 中还包含了 <a> 链接，它的作用是当用户点击轮播图片时，用户会跳转至指定链接。第二个 <ul> 为按钮区，用来控制轮播图的显示，其 class 值命名为"btn"。按钮区也有三个 <li>，和内容区的 <li> 一一对应。

图 6-6　旋转木马基础架构

（3）配置 config 参数，为其指定轮播效果和内容、按钮的类名、自动播放以及播放间隙，如图 6-7 所示。

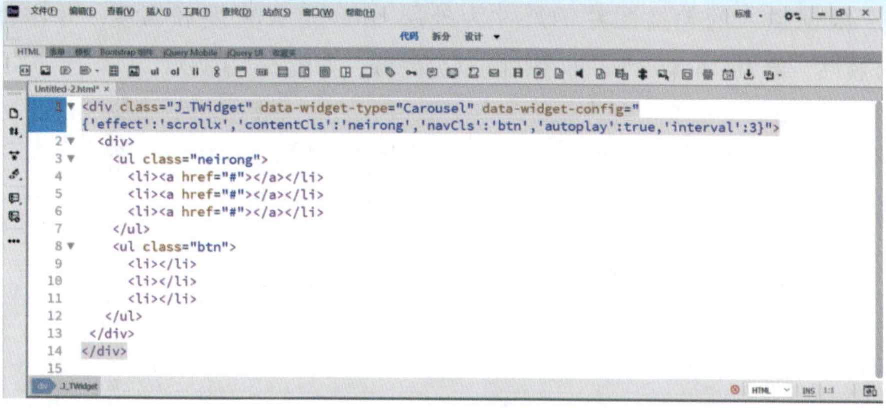

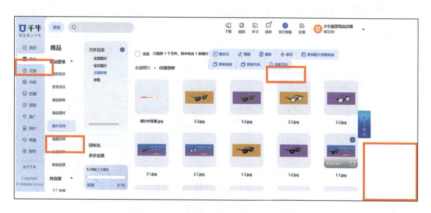

图 6-7 基础参数配置

（4）在 <ul> 内容区里插入需要轮播的图片。为了保证买家能看到装修后的店铺页面，图片必须先上传至千牛工作台的"图片空间"，上传完成后，选中图片，复制代码，如图 6-8 所示，粘贴至 <ul> 内容区，该代码格式为"<img src="">"，注意此代码需包含在 <a> 链接中，如图 6-9 所示。

图 6-8 千牛工作台的图片空间

图 6-9 插入轮播图片

（5）根据插入的轮播图片的尺寸为外层 <div> 定义宽度和高度，并添加一个 overflow 属性，值为"hidden"，即溢出的部分隐藏，如图 6-10 所示。

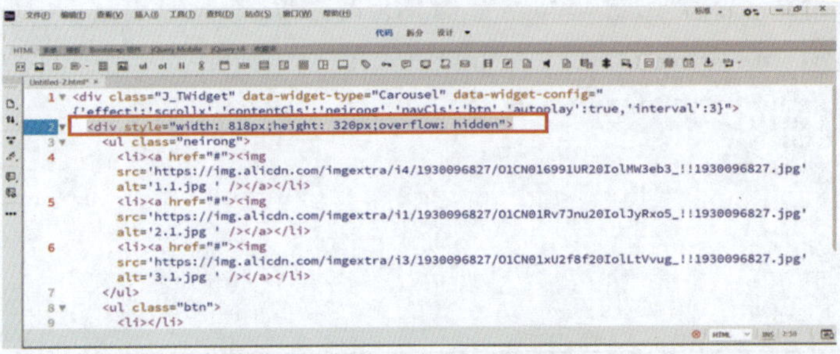

图 6-10 为 <div> 定义样式

（6）将轮播图的滚动效果由有缝轮播变为无缝轮播。有缝轮播是指从最后一张图片切换到第一张图片时，会经过中间的图片。而无缝轮播是指从最后一张图切换到第一张图的过程中不会原路返回，它就像轮子似的，从结束到开始是无缝连接的，非常自然地循环下去，可以给买家更好的体验。当轮播间隔比较短时，快速改变位置不会造成动画的闪现。具体代码如图 6-11 所示。

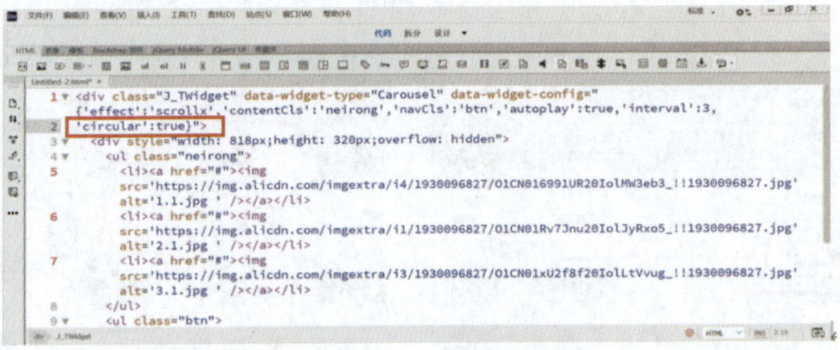

图 6-11 无缝轮播代码

（7）为轮播图配置左右箭头，如图 6-12 所示。箭头的 <div> 代码与内容区的 <div> 为同一层级。左箭头的代码为"<"，右箭头的代码为">"。此时还未给箭头配置参数，故箭头不能控制轮播图的滚动。

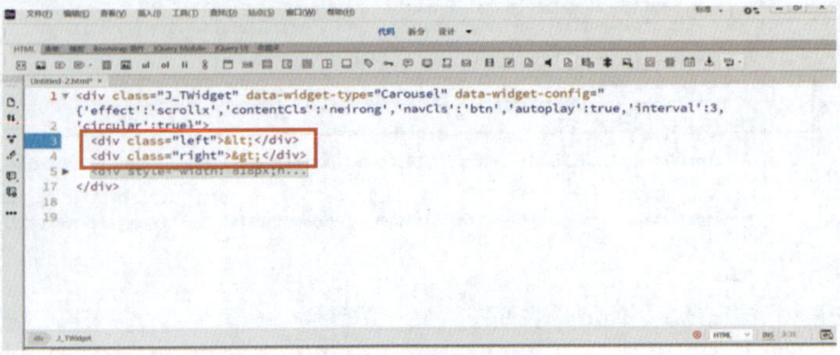

图 6-12 配置左右箭头

（8）为箭头配置参数，使其能控制图片的滚动，如图 6-13 所示。该参数的用法与 "contentCls" 的用法一致，它们的参数值都是对应的类名。

图 6-13　为左右箭头配置参数

（9）定义箭头的样式，包括箭头的宽度、高度、大小、颜色、对齐方式等，如图 6-14 所示。其中 "text-align：center" 表示水平居中，"line-height：100" 则表示垂直居中。"line-height" 为行高，当它的值与元素的高度一致时，即可达到垂直居中的效果。"cursor：pointer" 代表当鼠标移至左右箭头时，鼠标的状态变为小手状态。

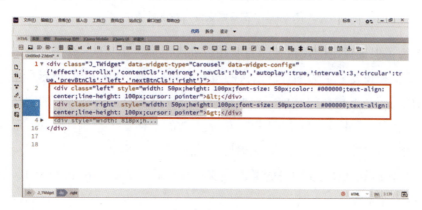

图 6-14　定义箭头的样式

（10）将左右箭头及轮播图片的排列由纵向排列变成横向排列。由于 <div> 元素为块级元素，独立显示一行，故元素的排列形式为纵向排列，因此需要给元素添加属性 "float：left"，即元素向左浮动，在满足宽度的情况下排在一行，呈横向排列形式。具体代码如图 6-15 所示。

（11）将左右箭头分开，使左箭头在轮播图的左边，右箭头在轮播图的右边，并增加 "margin-top" 属性，让箭头向下偏移至图片中间的位置。具体代码如图 6-16 所示。

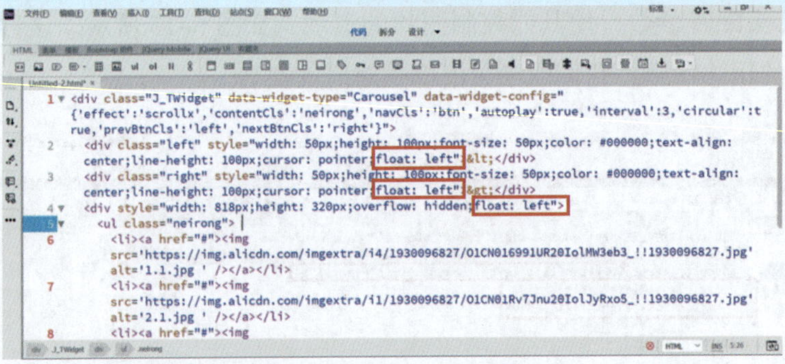

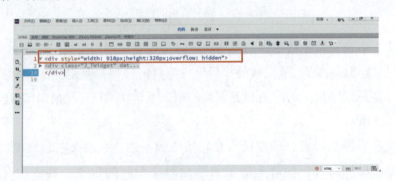

图 6-15　添加左浮动属性

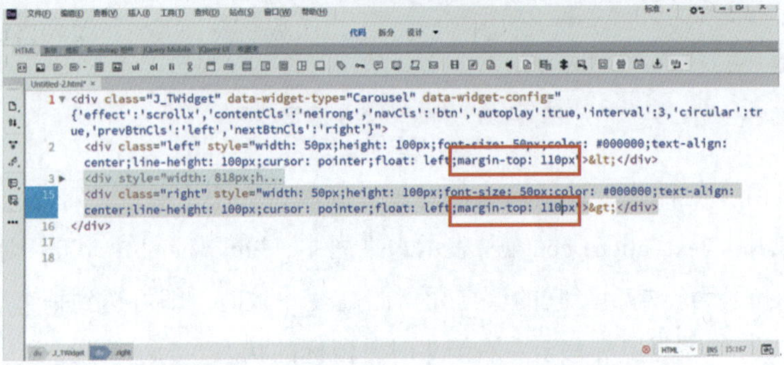

图 6-16　左右箭头分开并垂直居中

（12）为了保证代码的规范性，需要在最外层添加一个 <div> 盒子，并定义其宽度和高度。宽度和高度分别为图片和箭头的总宽度和高度，如图 6-17 所示。由于淘宝会自动简化代码，在上传代码之前一定要仔细检查参数之间是否有多余的空格，否则会出现问题。例如，"class" 和 "style" 之间是正常的空格，无须删除，而 "interval" 和 "circular" 之间的空格是多余的，需要删除，如图 6-18 所示。

（13）将代码复制粘贴到店铺装修自定义模块源码区（如图 6-19 所示），带有左右箭头的轮播图即完成了。

图 6-17　定义最外层 <div> 的宽与高

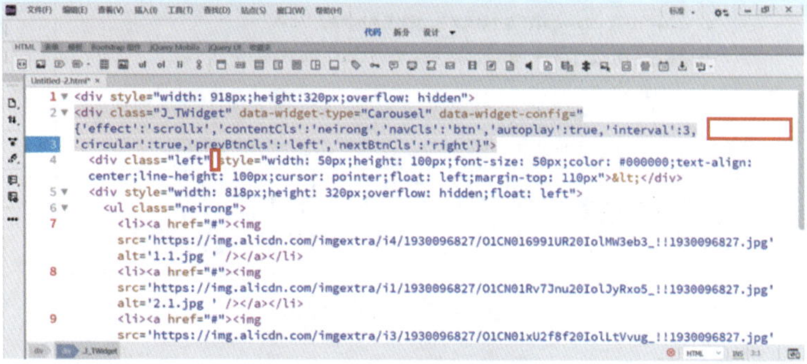

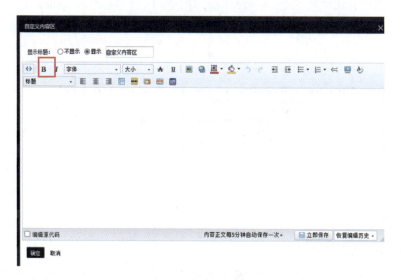

图 6-18　删除多余空格

图 6-19　自定义页编辑区

6.1.2　Popup 弹出层应用

1. 认识 Popup 弹出层

Popup 弹出层是一个弹出层容器，从屏幕滑出或弹出一块自定义内容区，用于展示弹窗、信息提示等内容，支持上、下、左、右和中部弹出，并且支持多个弹出层叠加展示。组件只提供容器，内部内容由用户自定义。

弹出层的应用很广，在店铺装修中，主要用于店铺下拉菜单的制作。系统自带的下拉菜单形式简单，不够美观，且限制较多，无法满足买家浏览的需求。用弹出层代码制作的下拉菜单形式多样，可以吸引买家眼球，让买家快速找到自己所要的商品类目，方便其跳转页面，查看商品及信息，提高店铺的访问深度和宝贝转化率。

（1）所需的 DOM 结构。

本组件通过预先设置一个隐藏的弹出层，并且设置该弹出层的触发点，当鼠标滑入和移出触发点时展示和隐藏弹出层效果。其 DOM 结构如图 6-20 所示。

```
<div class="first-trigger">我只是个触点而已，把鼠标滑到我身上</div>

<div class="J_TWidget hidden" data-widget-type="Popup" data-widget-config="{
        'trigger':'.first-trigger',
        'align':{
                'node':'.first-trigger',
                'offset':[0,0],
                'points':['cr','cc']
                }
        }">
        <div style="background-color: yellow; height: 100px; width: 100px;">
            我是一个弹出层
        </div>
</div>
```

图 6-20　DOM 结构

（2）组件调用方法。

其组件调用方法如图 6-21 所示，载入淘宝的 JS 框架后，将"data-widget-type"命名为"Popup"，即指定其类型为 Popup 弹出层，并为其配置"config"参数。弹出层的参数比较简单，主要是"trigger"和"align"。

```
<div class="J_TWidget hidden" data-widget-type="Popup" data-widget-config="{
        'trigger':'.first-trigger',
        'align':{
                'node':'.first-trigger',
                'offset':[0,0],
                'points':['cr','cc']
                }
        }">
    <!-- code -- >
</div>
```

图 6-21　Popup 弹出层组件调用

（3）参数配置。

Popup 的参数及其具体说明如图 6-22 所示。trigger 用于指定触发点的类名，align 则用于元素的排列。align 包含三个参数值，其中 points 代表触发点与弹出层的对齐方式。元素及参考元素上各自有九个不同位置点（tl，tc，tr，cl，cc，cr，bl，bc，br）。如图 6-23 所示，"points：[cr，cc]"表示触发点右中的位置与弹出层的中心点对齐。

配置参数	参数可选值	作用说明
trigger	自定义	触点元素，就是鼠标滑过哪个元素的时候弹出当前的 Popup，支持 class 和 id 选择器的写法
align	node，points，offset 三个配置	node：'自定义'，//参考元素。Popup 与参考元素进行定位。和触点写法一样，支持 class 和 id 选择器的写法。points:[tr,tl]，//[tl，tr]表示 Popup 的 tl 与参考节点的 tr 对齐 t(top)，c(center)，b(bottom)，l(left)，r(right)。offset: [0, 0]，//有效值为[n, m]，points 对齐后，offset 值，一般可用于微调，n 和 m 分别表示对齐两个点在 x，y 坐标之间的偏移量

图 6-22　配置参数说明

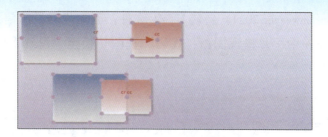

图 6-23　cr 与 cc 的意义

注意，触发点目前只允许包含在 #content 内，不允许影响页头页尾，且组件内部不能出现 class="popup" 或 class="overlay"。

2. 制作 Popup 弹出层

使用 Popup 弹出层的代码能够制作出独树一帜、别出心裁的弹出页面，从而在竞争激烈的网店中脱颖而出，如图 6-24 所示为某户外旗舰店的"露营装备"的弹出层，设计简洁，层次分明，图文结合的形式使内容更生动。下面以带有下拉菜单的店招为例讲述弹出层制作的过程，具体操作步骤如下。

图 6-24　某户外旗舰店弹出层

（1）将制作好的店招上传至千牛工作台的"图片空间"，上传完成后，选中店招图片，复制店招代码，如图 6-25 所示。

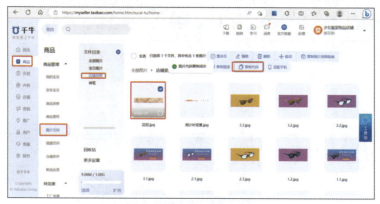

图 6-25　上传店招图片并复制代码

（2）打开 Dreamweaver 2021，新建 HTML 文件，删除代码说明信息。将店招代码复制到 Dreamweaver 中，并将视图由"代码"视图切换至"设计"视图，如图 6-26 所示。

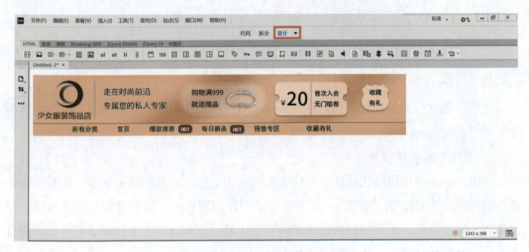

图 6-26　切换"设计"视图

（3）点击店招图像，选择矩形选框工具，依次为店招添加热点，并设置热点地图属性，如图 6-27 所示。以"首页"为例，我们选中"首页"热点地图后从千牛工作台获取链接。链接可以通过店铺装修中"页面管理"页面获取（如图 6-28 所示），也可以在装修页面中，将系统提供的导航栏移动到店招上方（如图 6-29 所示），单击预览页面中的"首页"按钮（如图 6-30 所示），从而获得首页的链接。

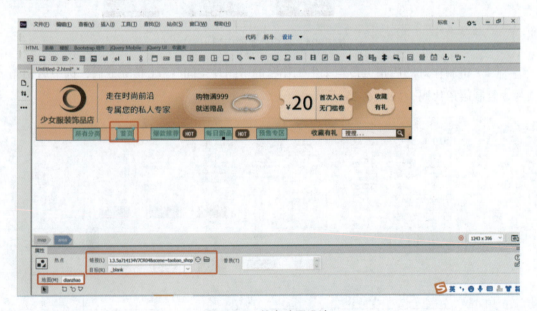

图 6-27　热点地图设计

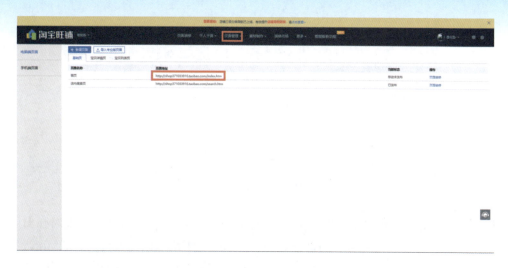

图 6-28　页面管理获取链接

图 6-29　导航栏上移

图 6-30　获取首页链接

（4）为各触发点命名并将触发点改为块级元素。以"所有分类"触发点为例，在"设计"视图中选中"所有分类"选项后切换至"代码"视图，此时光标定位在第一个 <area> 区域。在 <area> 后面添加类名，例如 <class="all">，另外，<area> 属于行级元素，本身没有一个固定的位置，因此不能作为参考触发点，因此我们需要用"display"属性将它转换成块级元素，如图 6-31 所示。

（5）添加完类名之后，在现有代码最下方调用 Popup 弹出层组件，并且在"config"里配置相应的参数，如图 6-32 所示。"trigger"和"node"的参数值皆为触发点的类名。注意：需要在类名前加"."，代表调用类选择器。

"offset"属性和"points"属性主要用于调节弹出层的位置，后期可以根据实际需求进行微调。在"所有分类"触发点下，触发点区域与弹出层的对齐方式应为触发点的左

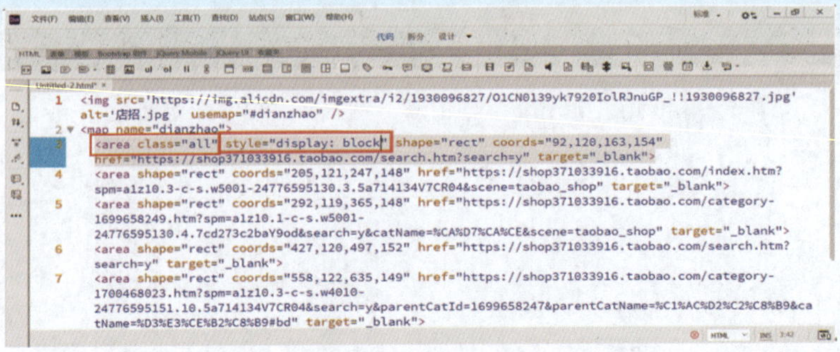

图 6-31   转换元素

下角与弹出层的左上角对齐，即"points"的值为"['bl', 'tl']"，但实际上此时弹出层的左上角与店招的左下角对齐，因此需要用"offset"属性使弹出层向右偏移"100"，如图 6-33 所示，故"offset"的值为"[100，0]"，当向右、向下偏移时，"offset"的值为正值，反之为负值。

图 6-32   调用并配置 Popup 组件

图 6-33   触发点位置

（6）配置弹出层的样式，定义弹出层的宽度、高度和背景等，如图 6-34 所示。后期也可根据实际需求为弹出层配置背景图片等。

（7）填写弹出层的内容。如图 6-35 所示，在弹出层的 <div> 盒子中添加 <ul> 列表。当用户点击弹出层内容时，用户会跳转至对应链接，故在 <li> 中添加 <a> 链接。跳转链接用"#"代替，表示为空链接，后期可根据需求增添对应的链接地址。

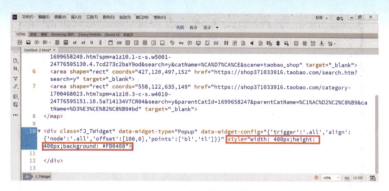

图 6-34　配置弹出层样式

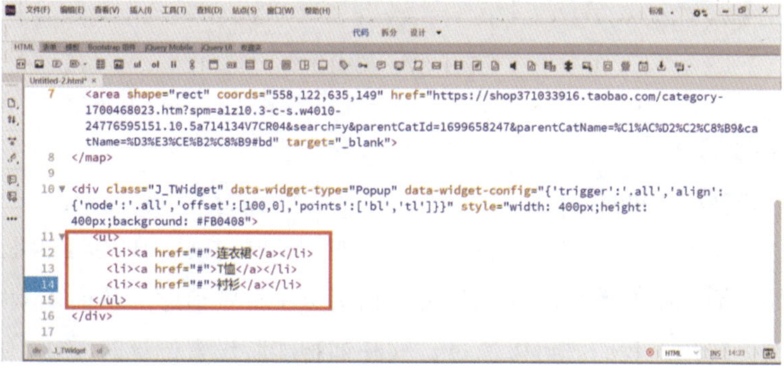

图 6-35　弹出层内容设置

（8）将代码上传至店铺装修中即可完成弹出层设置。因为店招会自动隐藏超出 150 px 的区域，所以我们需要将代码分成两部分上传，由店招负责触发点部分的代码，此外再创建一个自定义区域，负责弹出层的代码，如图 6-36 所示。单击右侧的"编辑"按钮，选择代码图标，粘贴代码，并选择"不显示"标题，如图 6-37 所示。注意该自定义区域可放置在首页的任何位置。

图 6-36　分区上传代码

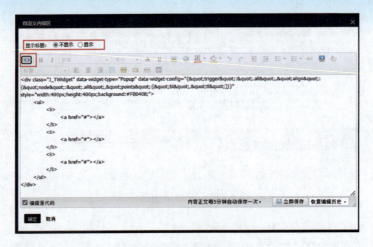

图 6-37　编辑代码

6.1.3　倒计时的应用

1. 认识倒计时 Countdown

应用倒计时组件可以实时展示单品或活动的倒计时时间，在活动即将开始与结束中经常用到。如果活动中有倒计时显示，可以给买家一种紧迫感，从而刺激购物欲，提升导购效率，增强转化。我们既可以通过订购旺铺智能版设置倒计时模块，也可以通过代码实现倒计时功能。

（1）组件调用方法及所需的 DOM 结构。

倒计时的 DOM 结构及组件调用方法如图 6-38 所示。载入淘宝的 JS 框架后，将"data-widget-type"命名为"countdown"，即指定 Widget 的类型为倒计时 Countdown，并为其配置"config"参数。倒计时的参数及结构比较复杂，可以借助代码生成工具来实现其功能。

（2）参数配置。

Countdown 的参数及其具体说明如图 6-39 所示，重点注意以下几个参数。

endTime 是结束时间。它有两种格式：第一种是毫秒格式，例如距离活动还有两天结束，那我们就需要算出两天的毫秒时间。第一种是日期格式，无须计算，使用更方便，例如活动将于 2023 年 3 月 30 号结束，其属性值可以为"2023-3-30 23：59：59"。

interval 是倒计时刷新间隔（单位为 ms/ 次，1 000 ms=1 s），即每隔多少毫秒刷新一次，其默认值是 1 000 ms，倒计时将显示为 59 s、58 s、57 s 等。如果参数值为 2 000 ms，它的显示为 59 s、57 s、55 s 等。

minDigit 是数据的类型，即每个时间单位值显示的最小位数。如果默认值为 1，此时倒计时会显示 2 天 4 小时 10 分 20 秒，超出不截断；如果 minDigit 为 2，倒计时会显示 02 天 04 小时 10 分 20 秒，会在前面补全一个 0。

```
<!-- 配置项中的class名前别忘了加点号哦 -->
<div class="J_TWidget" data-widget-type="Countdown" data-widget-config="{
    'endTime': '20000',
    'interval': 1000,
    'timeRunCls': '.ks-countdown-run',
    'timeUnitCls': {
    'd': '.ks-d',
    'h': '.ks-h',
    'm': '.ks-m',
    's': '.ks-s',
    'i': '.ks-i'
    },
    'minDigit': 1,
    'timeEndCls': '.ks-countdown-end'
}">
<!-- 倒计时结束时隐藏-->
<!--可以写多个 -->
<div class="ks-countdown-run">
<span class="ks-d"></span>天
<span class="ks-h"></span>小时
<span class="ks-m"></span>分
    <!-- 如果有0.1秒级别的变化建议以gif背景图片的形式变化 -->
<span class="ks-s"></span>秒

<span class="ks-i"></span>毫秒
</div>
<div class="ks-countdown-run"></div>

<!-- 倒计时结束时显示-->
<!--可以写多个 -->
<div class="ks-countdown-end">
倒计时结束了,干点什么吧
    把什么隐藏起来,或者把什么显示出来
</div>
<div class="ks-countdown-end">
</div>
</div>
```

图 6-38　组件调用方法及所需的 DOM 结构

配置参数	参数可选值	作用说明
endTime	毫秒数（多少毫秒后倒计时结束），或者日期格式时间（格式：2011-7-21 11:01:01）	倒计时结束时间 例如：毫秒数：'endTime': '10000' 或 日期格式：'endTime': '2011-7-21 11:01:01'
interval	单位：毫秒，取值范围（>=100毫秒），默认值为1000毫秒	倒计时刷新间隔（单位为毫秒/次）即每隔多少毫秒刷新一次 例如：interval = 2000, 那么屏幕上的时间每次变化时会少两秒
timeRunCls	自定义值	有此class名的标签，其内容在倒计时运行时显示倒计时结束时隐藏

timeUnitCls	时间单位的组合值,每个时间单位的class名自定义	设定时间单位b标签的class
		例如:{
		　　'd': '.ks-d',　　//天
		　　'h': '.ks-h',　　//小时
		　　'm': '.ks-m',　　//分
		　　's': '.ks-s',　　//秒
		　　'i': '.ks-i'　　//毫秒
		　　}

minDigit	数据类型：整数,取值范围（>=1），默认为1。	每个时间单位值显示的最小位数，意思是超过不截断，少则前面补0显示 例如：digit = 2 少于情况：2天4小时10分20秒，则应该显示02天04小时10分20秒 超出情况：400分20秒，则应该显示 400分20秒
timeEndCls	自定义值	有此class名的标签，其内容在倒计时运行时隐藏,倒计时结束时显示

图 6-39　参数配置

2. 倒计时应用

倒计时的参数代码较为复杂，故下面以通栏模块的倒计时为例，借助"稿定设计"代码生成工具，讲述首页倒计时的制作，最终效果如图 6-40 所示，具体操作步骤如下。

距离 **全场买一送一** 活动结束还有　　7 日　7 时　51 分　48 秒

图 6-40　倒计时效果

（1）将背景图片上传至千牛工作台"图片空间"，其尺寸为 1 920 px×100 px。

（2）打开"稿定设计"，选择"淘宝 / 天猫布局代码工具"选项，如图 6-41 所示。

图 6-41　选择工具

（3）选择倒计时组件，设置倒计时的字体、颜色、结束时间、时间单位、数字间隔，等等，具体的参数值需要根据背景图来设置，后期也可用代码进行微调。例如，在此背景图中已经有天、时等时间单位，因此在设置倒计时时不需要再显示单位。再例如，背景图中的文字为红色且字体较大，在这里，我们将字体颜色设置为红色，并且调大文字的字号，如图 6-42、图 6-43 所示。

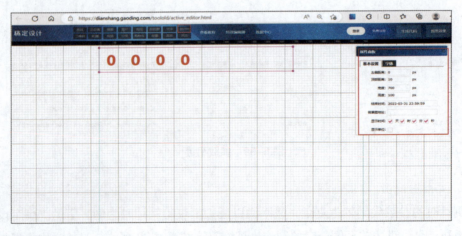

图 6-42　倒计时基本设置

图 6-43　倒计时字体设置

（4）设置完成后，单击"生成代码"按钮并导出，如图 6-44 所示，复制代码。

图 6-44　生成代码

（5）打开 Dreamweaver，新建 HTML 文件，将复制的代码粘贴到文件中，如图 6-45 所示。

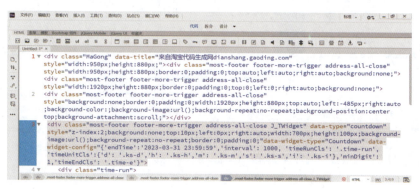

图 6-45　粘贴代码

（6）提取有效代码，如图 6-46 所示。

（7）清除多余代码。如图 6-47 所示，删除红框中选中的蓝色代码。

（8）新建一个 HTML 文件，添加倒计时背景图，如图 6-48 所示。在外层添加 <div> 盒子，并定义盒子的样式，其宽度和高度分别为背景图的宽度和高度。背景链接为"图片空间"中背景图的链接，此时该代码在本地预览中显示为宽度是 1 920 px 的图片，如图 6-49 所示。但淘宝模块的默认宽度是 950 px，超出部分会自动隐藏，因此我们需要借助"稿定设计"的通栏模块，将该代码变为通栏代码，使其能完整显示在淘宝页面中。

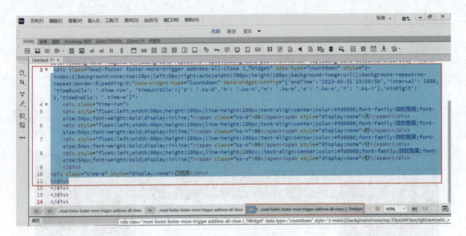

图 6-46　提取有效代码

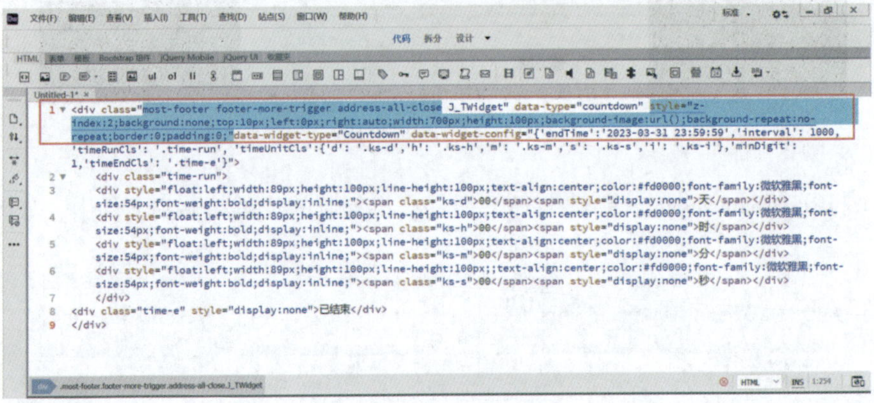

图 6-47　清除多余代码

图 6-48　获取背景图的代码

图 6-49 本地显示

（9）打开"稿定设计"的通栏模块（https：//dianshang.gaoding.com/toolold/active_nomo.html），选择"店铺类型"为"淘宝店"，宽度设置为"1 920"，高度设置为"100"，将（8）中的代码粘贴到"原始代码区"，选择"去掉20像素高度"，单击"生成代码"按钮，如图6-50所示。将生成的代码复制到 Dreamweaver 中，替换（8）中的代码，如图6-51所示，其中红框部分为（8）中的代码。

图 6-50 生成通栏模块代码

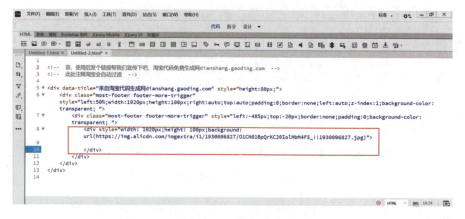

图 6-51 替换代码

（10）将倒计时组件插入到背景图代码中，如图6-52所示，红框部分为插入的倒计时组件。此时，倒计时显示在背景图的最左侧，如图6-53所示。

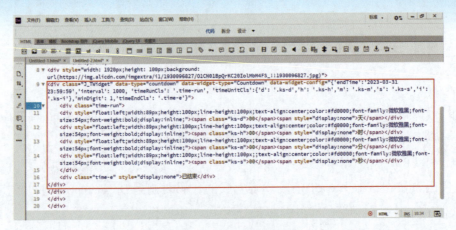

图 6-52 插入倒计时代码

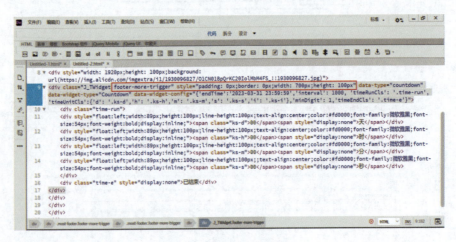

图 6-53 倒计时显示

（11）为倒计时组件添加定位属性"absolute"，即绝对定位。这里我们通过添加类"footer-more-trigger"来设置绝对定位，并定义它的样式。在设置样式时，需要将它自带的原始属性清除，如图 6-54 所示，将边框"border"和内边距"padding"的值初始化为"0"，倒计时的宽度和高度与倒计时组件设置时一致。

图 6-54 添加定位属性

除此之外，为了保证倒计时组件的显示位置和背景图上设定好的位置吻合，我们需要使用"left"值和"top"值将倒计时组件进行整体偏移，如图 6-55 所示。由于绝对定位是根据父级位置（即背景图位置）进行偏移的，故其"left"值为背景图左侧至倒计时组件的距离，如图 6-56 所示。

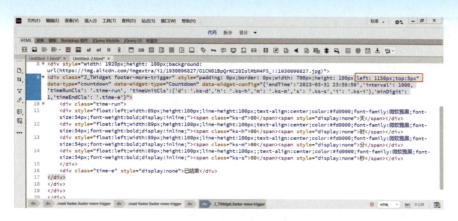

图 6-55 倒计时组件偏移

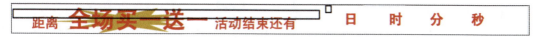

图 6-56 left 值和 top 值示意

（12）调整倒计时文字的间隙。通过"margin-left"来调整时、分、秒的间距，具体代码如图 6-57 所示。

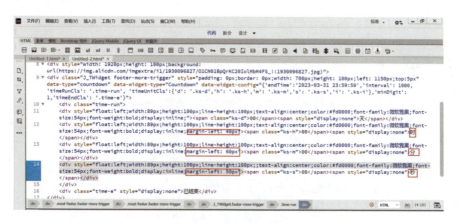

图 6-57 调整间隙代码

（13）将代码上传至店铺装修自定义模块源码区，单击"确定"按钮，最终效果如图 6-58 所示。

图 6-58 最终效果

任务实施

请根据任务描述中的工作内容，将任务实施过程中的关键讨论点及执行点进行记录（表6-1、表6-2）。

表6-1 任务讨论记录

任务讨论	讨论记录

表6-2 任务执行记录

任务执行	执行记录

任务评价（表6-3）

表6-3 使用代码装修自定义店铺任务评价

评价任务	评价标准	评价结果	
		完成	未完成
旋转木马制作	能够完成全屏轮播图的设计与制作		
	能够为轮播图添加左右箭头并控制轮播图的播放		
Popup 弹出层应用	能够完成 Popup 弹出层的设置		
	Popup 弹出层设计美观、排版具有可读性		
倒计时应用	能够用生成工具完成倒计时组件的设置		
	能够利用代码编写软件微调组件位置，使其符合页面整体效果		

思政园地

将严谨细致的工作态度贯穿始终

当前，网络购物日益成为大众消费的重要方式。通过电商平台，消费者足不出户、买卖双方互不谋面就可轻松进行交易，节省了时间和空间成本，提高了交易效率。然而，电商平台标错价格时有发生，引发的诉讼也屡见不鲜。审判实践中，此类纠纷的争议焦点大多集中于平台发布的商品信息属于要约还是要约邀请，买卖合同是否构成重大误解和显失公平，能否撤销。

杨某在 L 电商公司购买白酒红星 50 度苏扁二锅头"150 毫升 ×24"17 件、"500 毫升 ×12"14 件，在线支付 900 元。L 电商公司随后向杨某配送红星 50 度苏扁二锅头"150 毫升 ×24"17 瓶、"500 毫升 ×12"14 瓶。杨某拒收，并诉至法院，要求 L 电商公司按箱交付上述白酒，即"150 毫升 ×24"17 箱（每箱 24 瓶，共 408 瓶），"500 毫升 ×12"14 箱（每箱 12 瓶，共 168 瓶），并赔偿经济损失 2 691 元。L 电商公司提出反诉，请求撤销双方订立的买卖合同。该公司提供的进货证据显示，案涉白酒 500 毫升的进价为每瓶 34.5 元、150 毫升的进价为每瓶 14 元。

法院认为，消费者不应因经营者标价错误而恶意大量下单以牟取不当利益，据此判决撤销双方的买卖合同，驳回杨某要求继续履行合同的诉讼请求。同时，L 电商公司返还杨某货款 900 元，并酌情赔偿其损失 2 500 元。

当然，于网店而言，还是要持续提升运营水平，用更细致的审核，避免运营错误，千万不能一时大意而标错商品价格，更不能为了吸引眼球，借着"优惠促销"的由头故意"设局"标低价格。

知识与技能训练

同步测试

一、单项选择题

（1）在 HTML 中，盒子与盒子之间的距离称为（   ）。

A. padding

B. border

C. margin

D. interval

（2）"padding：50 px，20 px，10 px，60 px"代表（   ）。

A. 上 50 px，右 20 px，下 10 px，左 60 px

B. 上 50 px，下 20 px，右 10 px，左 60 px

C. 上 50 px，下 20 px，左 10 px，右 60 px

D. 下 50 px，上 20 px，右 10 px，左 60 px

（3）CSS 中可以通过鼠标指针的 cursor 属性设置鼠标指针的显示图形，其中（   ）代表鼠标指针为手形。

A. crosshair   B. wait

C. pointer   D. help

（4）"points: [cl, cc]" 表示（   ）。

A. 触发点左中的位置与弹出层的中心点对齐

B. 触发点的中心点与弹出层的左中位置对齐

C. 弹出层的右中的位置与弹出层的中心点对齐

D. 触发点右中的位置与弹出层的中心点对齐

（5）以下哪种定位布局方式会使原有位置不存在（   ）。

A. position：relative   B. position：fixed

C. position：absolute   D. position：static

二、多项选择题

（1）清除浮动是为了解决当子级元素浮动后，其标准流中高度自适应的父容器高度塌陷问题，常用 clear 样式去清除浮动，以下关于 clear 样式说法不正确的是（   ）。

A. clear 样式可以加给行级元素、行级块元素

B. clear 样式不能加给浮动元素

C. clear 样式不能加给非浮动元素

D. clear 样式只能加给块级元素。

（2）以下关于标准布局说法不正确的是（   ）。

A. 行级元素独占一行   B. 块级元素、行级块元素共享一行

C. 标准流位于网页最底层   D. 行级块元素独占一行

（3）以下关于浮动元素说法错误的是（   ）。

A. 浮动元素之间不会因为空格、换行产生空隙

B. 浮动元素的浮动范围只能在其父级元素内部

C. 在浮动流中，多个行级元素之间共享一行

D. 元素脱标后，元素仍然占据其在标准流中的位置

（4）以下属于绝对定位的特征的是（   ）。

A. 根据原有的位置进行偏移

B. 根据父级的位置进行偏移

C. 根据浏览器的位置进行偏移

D. 网页元素的位置相互独立，没有影响，因此元素可以重叠，可以随意移动

（5）以下关于定位属性 position 说法正确的是（　　　）。

A. static，静态定位，网页各种元素按照"前后相继"的顺序进行排列和分布

B. relative，相对定位，网页元素不再遵循 HTML 的标准定位规则，需要为网页元素相对于原始的标准位置设置一定的偏移距离

C. absolute，绝对定位，网页元素不再遵循 HTML 的标准定位规则，脱离了"前后相继"的定位关系，以该元素的上级元素为基准设置偏移量进行定位

D. fixed，固定定位，与绝对定位类似，也脱离了"前后相继"的定位规则，其元素的定位也是以父级元素为基准进行

三、判断题

（1）footer-more-trigger 表示淘宝系统中显示与隐藏的类。　　　　　　　　（　　　）

（2）浮动元素不会压住父级元素的 border、padding，父级元素 content 中的行级元素、行级块元素的内容会自动围绕浮动元素排列。　　　　　　　　　　（　　　）

（3）如果顶部行的剩余宽度不足以放下新的浮动元素，则新的浮动元素自动另起一行排列。　　　　　　　　　　　　　　　　　　　　　　　　　　　　（　　　）

（4）设置层级通过 z-index 属性，层级越高的显示越靠前。　　　　　　　（　　　）

（5）倒计时组件中 timeRunCls 参数表示其内容在倒计时运行时隐藏，倒计时结束时显示。　　　　　　　　　　　　　　　　　　　　　　　　　　　　　（　　　）

综合实训

一、实训目的

通过综合实训学习，学生能够利用代码完成店铺的动态特效装修。

二、实训要求

根据所给材料，为淘宝首页添加倒计时效果。

三、实训内容

任务操作 1：将材料所给的背景图片上传至千牛工作台"图片空间"中，其尺寸为 1 920 px × 100 px。

任务操作 2：打开"稿定设计"，选择"淘宝 / 天猫布局代码工具"，选择倒计时组件，根据效果图设置倒计时的字体、颜色、结束时间、时间单位、数字间隔，等等，如图 6-59、图 6-60 所示，单击"生成代码"按钮并导出，复制代码。

图 6-59 倒计时基本设置

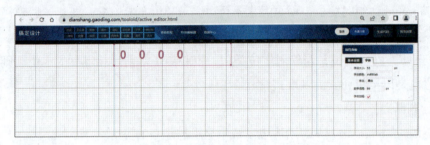

图 6-60 倒计时字体设置

任务操作 3：打开 Dreamweaver，新建 HTML 文件，将复制的代码粘贴到文件中，如图 6-61 所示。

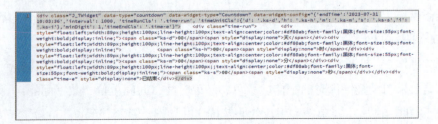

图 6-61 粘贴代码

任务操作 4：提取有效代码并清除多余代码，将其复制到新的 HTML 文件中，如图 6-62 所示。

图 6-62 提取有效代码

任务操作 5：新建 HTML 文件，添加倒计时背景图，代码如图 6-63 所示。

```
1  <div style="width: 1920px;height: 100px;background:
   url(https://img.alicdn.com/imgextra/i2/1930096827/O1CN01CamkTT20IonFZLLUT_!!1930096827.jpg)"></div>
2
```

图 6-63　获取背景图的代码

任务操作 6：打开"稿定设计"的通栏模块，为倒计时背景图添加通栏代码，如图 6-64 所示。将生成的代码复制到 Dreamweaver 中，替换任务操作（5）中的代码，如图 6-65 所示。

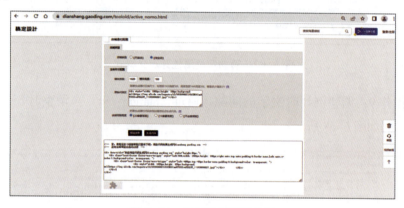

图 6-64　添加通栏模块代码

```
1
2  <!-- 亲，使用后发个链接帮我们宣传下吧，淘宝代码免费生成网dianshang.gaoding.com -->
3  <!-- 此处注释掉淘宝会自动过滤 -->
4
5 ▼ <div data-title="来自淘宝代码生成网dianshang.gaoding.com" style="height:80px;">
6  ▼  <div class="most-footer footer-more-trigger" style="left:50%;width: 1920px;height:
       100px;right:auto;top:auto;padding:0;border:none;left:auto;z-index:1;background-color: transparent; ">
7  ▼   <div class="most-footer footer-more-trigger" style="left:-485px;top:-20px;border:none;padding:0;background-color:
          transparent; ">
8       <div style="width: 1920px;height: 100px;background:
          url(https://img.alicdn.com/imgextra/i2/1930096827/O1CN01CamkTT20IonFZLLUT_!!1930096827.jpg)"></div>      </div>
9      </div>
10   </div>
11
```

图 6-65　替换代码

任务操作 7：将倒计时组件插入到背景图代码中，如图 6-66 所示，红框部分为插入的倒计时组件。

```
5 ▼ <div data-title="来自淘宝代码生成网dianshang.gaoding.com" style="height:80px;">
6  ▼  <div class="most-footer footer-more-trigger" style="left:50%;width: 1920px;height:
       100px;right:auto;top:auto;padding:0;border:none;left:auto;z-index:1;background-color: transparent; ">
7  ▼   <div class="most-footer footer-more-trigger" style="left:-485px;top:-20px;border:none;padding:0;background-color:
          transparent; ">
8  ▼    <div style="width: 1920px;height: 100px;background:
          url(https://img.alicdn.com/imgextra/i2/1930096827/O1CN01CamkTT20IonFZLLUT_!!1930096827.jpg)">
9      <div class="J_Twidget" data-type="countdown" data-widget-type="Countdown" data-widget-config="{'endTime':'2023-
       07-31 10:03:36','interval': 1000, 'timeRunCls': '.time-run', 'timeUnitCls':{'d': '.ks-d','h': '.ks-h','m': '.ks-
       m','s': '.ks-s','i': '.ks-i'},'minDigit': 1,'timeEndCls': '.time-e'}"> <div class="time-run"
       style="float:left;width:89px;height:100px;line-height:100px;text-align:center;color:#df80ab;font-family:黑体;font-
       size:55px;font-weight:bold;display:inline;"><span class="ks-d">00</span><span style="display:none">天</span></div>
       <div style="float:left;width:89px;height:100px;line-height:100px;text-align:center;color:#df80ab;font-family:黑
       体;font-size:55px;font-weight:bold;display:inline;">      <span class="ks-h">00</span><span
       style="display:none">时</span></div><div style="float:left;width:89px;line-height:100px;text-
       align:center;color:#df80ab;font-family:黑体;font-size:55px;font-weight:bold;display:inline;"><span class="ks-
       m">00</span><span style="display:none">分</span></div><div style="float:left;width:89px;height:100px;line-
       height:100px;;text-align:center;color:#df80ab;font-family:黑体;font-size:55px;font-weight:bold;display:inline;">
       <span class="ks-s">00</span><span style="display:none">秒</span></div></div><div class="time-e"
       style="display:none">已结束</div></div>
10   </div>
11    </div>
12  </div>
```

图 6-66　插入倒计时代码

任务操作8：为倒计时组件添加绝对定位属性，并定义它的样式及偏移值，如图6-67所示。

```
5 ▼ <div data-title="来自淘宝代码生成网dianshang.gaoding.com" style="height:80px;">
6 ▼   <div class="most-footer footer-more-trigger" style="left:50%;width: 1920px;height:
      100px;right:auto;top:auto;padding:0;border:none;left:auto;z-index:1;background-color: transparent; ">
7 ▼     <div class="most-footer footer-more-trigger" style="left:-485px;top:-20px;border:none;padding:0;background-color:
        transparent; ">
8 ▼       <div style="width: 1920px;height: 100px;background:
          url(https://img.alicdn.com/imgextra/i2/1930096827/O1CN01CamkTT20IonFZLLUT_!!1930096827.jpg)">
9           <div class="J_TWidget footer-more-trigger" style="padding: 0px;border: 0px;width: 550px;height: 100px;left:
            990px;top:2px" data-type="countdown" data-widget-type="Countdown" data-widget-config="{'endTime':'2023-07-31
            10:03:36','interval': 1000, 'timeRunCls': '.time-run', 'timeUnitCls':{'d': '.ks-d','h': '.ks-h','m': '.ks-m','s':
            '.ks-s','i': '.ks-i'},'minDigit': 1,'timeEndCls': '.time-e'}">        <div class="time-run"
            style="float:left;width:89px;height:100px;line-height:100px;text-align:center;color:#df80ab;font-family:黑体;font-
            size:55px;font-weight:bold;display:inline;"><span class="ks-d">00</span><span style="display:none">天</span></div>
            <div style="float:left;width:89px;height:100px;line-height:100px;text-align:center;color:#df80ab;font-family:黑
            体;font-size:55px;font-weight:bold;display:inline;">        <span class="ks-h">00</span><span
            style="display:none">时</span></div><div style="float:left;width:89px;height:100px;line-height:100px;text-
            align:center;color:#df80ab;font-family:黑体;font-size:55px;font-weight:bold;display:inline;"><span class="ks-
            m">00</span><span style="display:none">分</span></div>        <div style="float:left;width:89px;height:100px;line-
            height:100px;text-align:center;color:#df80ab;font-family:黑体;font-size:55px;font-weight:bold;display:inline;">
            <span class="ks-s">00</span><span style="display:none">秒</span></div></div><div class="time-e"
            style="display:none">已结束</div></div>
10  </div>        </div>
11  </div>
```

图6-67　添加定位属性并定义样式

任务操作9：调整倒计时文字的间隙。通过"margin-left"来调整时、分、秒的间距，具体代码如图6-68所示。

```
7 ▼     <div class="most-footer footer-more-trigger" style="left:-485px;top:-20px;border:none;padding:0;background-color:
        transparent; ">
8 ▼       <div style="width: 1920px;height: 100px;background:
          url(https://img.alicdn.com/imgextra/i2/1930096827/O1CN01CamkTT20IonFZLLUT_!!1930096827.jpg)">
9           <div class="J_TWidget footer-more-trigger" style="padding: 0px;border: 0px;width: 550px;height: 100px;left:
            990px;top:2px" data-type="countdown" data-widget-type="Countdown" data-widget-config="{'endTime':'2023-07-31
            10:03:36','interval': 1000, 'timeUnitCls':{'d': '.ks-d','h': '.ks-h','m': '.ks-m','s':
            '.ks-s','i': '.ks-i'},'minDigit': 1,'timeEndCls': '.time-e'}">        <div class="time-run"
            style="float:left;width:89px;height:100px;line-height:100px;text-align:center;color:#df80ab;font-family:黑体;font-
            size:55px;font-weight:bold;display:inline;"><span class="ks-d">00</span><span style="display:none">天</span></div>
            <div style="float:left;width:89px;height:100px;line-height:100px;text-align:center;color:#df80ab;font-family:黑
            体;font-size:55px;font-weight:bold;display:inline;margin-left: 40px">        <span class="ks-h">00</span><span
            style="display:none">时</span></div><div style="float:left;width:89px;height:100px;line-height:100px;text-
            align:center;color:#df80ab;font-family:黑体;font-size:55px;font-weight:bold;display:inline;margin-left: 75px">
            <span class="ks-m">00</span><span style="display:none">分</span></div>        <div
            style="float:left;width:89px;height:100px;line-height:100px;text-align:center;color:#df80ab;font-family:黑
            体;font-size:55px;font-weight:bold;display:inline;margin-left: 45px"><span class="ks-s">00</span><span
            style="display:none">秒</span></div></div><div class="time-e" style="display:none">已结束</div></div>
10  </div>
11          </div>
12  </div>
```

图6-68　调整间隙代码

任务操作10：将代码上传至店铺装修自定义模块源码区，单击"确定"按钮，最终效果如图6-69所示。

图6-69　最终效果

▶▶ 单元 7　无线端店铺装修

【项目介绍】

在无线时代，由于消费者浏览习惯和浏览设备的改变，大部分天猫店铺的无线访客占比远超 PC 端。而无线端受设备屏幕小、消费者浏览时间碎片化等因素影响，在页面的设计上需要区别于 PC 端。本单元将从无线思维、无线端首页装修和无线端详情页装修这三个方面进行讲解。

【学习目标】

知识目标

- 了解无线思维，掌握无线端首页装修、详情页装修的相关知识点。

技能目标

- 能够以无线思维对无线端首页进行设计。
- 完成无线端首页装修。
- 能够以无线思维对无线端详情页进行设计。
- 完成无线端详情页装修。

素质目标

- 增强规则意识，遵守平台规范。
- 培养精益求精的职业素养。
- 恪守职业道德，树立职业敬畏感、使命感。

【思维导图】

无线端店铺装修

无线思维
无线端首页装修
无线端详情页装修

任务 7.1　无线端店铺装修

任务描述

在当今的互联网时代，智能手机的运用几乎遍布整个世界，人们越来越注重手机端的研究开发与应用。淘宝着力把流量引到无线端上，现在无线端流量占比八成以上。对于电商卖家来说，培养无线思维，做好无线端店铺装修、布局等方面的设计工作，吸引更多的顾客进店消费成为重要事项。

本任务的工作内容有：

（1）能够理解无线思维，完成个人店铺无线端原生内容的生产。

（2）根据无线端店铺首页装修流程，完成个人无线端店铺的首页装修。

（3）根据无线端店铺详情页装修流程，完成个人无线端店铺的详情页装修。

任务分析

无线端店铺首页的框架同样分为页头、内页、页尾三部分，主要由店招、导航、海报、商品分类、客服中心、商品展示等模块组成。商品详情页是所有营销的落脚点，承担着引导消费者下单的职责。消费者在搜索之后，直接到达商品详情页。因此，在进行商品详情页设计时，既要了解商品属性，又要清楚消费者的购物心理，还要熟悉消费者的视觉动线和浏览习惯。

知识储备

7.1.1　无线思维

1. 无线端的特性

无线端是指用户通过智能手机、平板电脑等移动设备进行访问的方式，淘宝无线端就是相对于 PC 端而言的移动设备上的淘宝。为满足不同用户的购物需求，它聚合了大量的功能，呈现出了流量大、点击率高、转化率高等特点。

无线端设备中，电商的手机端应用是最适合做个性化内容展示的，因为手机端具备以下特性。

（1）手机具有不离身的特性，除了睡觉以外，几乎 24 小时不离开机主。

（2）手机具有体温感知、位置定位、速度感应等特性，这些特性使得个性化得到前所未有的发挥，同时也使得移动电商极具便利，为移动电商的业务发展迎来前所未有的大好机遇。

（3）用户打开手机应用时，服务器能够得到用户的登录信息、地理位置信息、手机设备信息等，在这些信息里，有一些信息是 PC 端不具备而手机端独有的，如地理位置信息。这些独有信息可汇集成用户的大数据信息，个性化推荐引擎可根据这些信息，结合用户画像技术，通过算法精确地计算出用户感兴趣的商品，并展示给用户。

2. 生产无线端原生内容

无线端的原生内容有四个特点：第一，竖屏构图，尊重竖屏屏幕；第二，大图大字，因为手机屏本身比较小，用户盯着看会非常累，"大"才能降低用户的学习成本；第三，少放内容，因为用户随时都处于信息过载的状态下，讲得越多干扰越大；第四，浅显易懂。

7.1.2 无线端首页装修

1. 无线端装修入口

新版的装修后台将 PC 端和手机端融合在了一起，卖家进入手机端店铺装修后台的入口与 PC 端一致，常用以下三种方法进入。

第一种，使用浏览器登录卖家中心，然后依次单击"店铺管理"→"店铺装修"选项。

第二种，在千牛工作台、淘宝助理等卖家软件中，找到常用入口"店铺装修"并单击进去。

第三种，使用浏览器打开自己的店铺首页，用卖家账号和密码登录，单击页面右上角的"装修此页面"按钮。使用这种方法要注意，打开别人店铺页面没有"装修此页面"按钮。

2. 无线端基础版首页全局装修思路

无线端基础版首页装修规划正确思路：确定旺铺版本→确定使用哪套模板→熟悉选用的模板中有哪些模块，每一个模块可以实现哪些效果；确定店铺首页从上往下添加哪些内容→确定要添加的内容使用哪些模块承载→按承载模块尺寸制作所需图片、短视频（手机端特有，PC 端不支持）→编辑模块内容→保存、发布，完成装修→备份装修效果。

再次强调：先发布商品，再装修店铺。只有成功发布的商品才能生成链接地址，上架状态的商品才会在店铺中显示。无线端的很多模块在编辑时商品链接是必填项，不填就无法保存模块的编辑效果。

下面以手机端基础版内置的官方免费模板为例，详解具体操作方法。

（1）确定旺铺版本。旺铺版本为淘宝旺铺手机端基础版。

（2）确定使用哪套模板。淘宝旺铺手机端基础版内置一套永久免费使用的官方模板，卖家无须手动切换，在没有购买其他付费模板的情况下默认"正在使用"。

（3）熟悉选用的模板中有哪些模块，每一个模块可以实现哪些效果；确定店铺首页从上往下添加哪些内容。淘宝旺铺手机端基础版内置5类模块，如图7-1所示。模块仅供参考，官方会不定期调整模块名称、增减模块，请以登录手机端装修后台看到的为准。

（4）确定要添加的内容使用哪些模块承载。

建议：重点呈现"互动+动态（短视频、直播、微淘）+粉丝运营（淘宝群+会员体系）"；尽量用大图、海报图、个性化排版展示店内商品；在多个醒目位置提醒关注收藏店铺，以便吸引更多粉丝，在后期精准营销。

（5）按承载模块尺寸制作所需图片、短视频。

与淘宝旺铺PC端布局单元、模块尺寸相对不同的是，手机端模块需求的图片尺寸、视频尺寸更多样化。所以当你确定了要使用的模块后，请把每一个模块中需要的图片尺寸、图片格式、视频尺

图7-1 内置模块

寸、视频大小、视频格式等重要参数记录下来，然后按照这些标准去设计制作图片、拍摄剪辑短视频。

（6）编辑模块内容。将第5步制作好的图片、视频分别安装到对应的模块。

（7）保存、发布，完成装修。装修后台的所有操作只有在发布成功后，才会在店铺前台展示，否则买家无法看到装修效果。全部装修完成后，单击装修后台右上角的"发布"按钮，可以选择"立即发布"或"定时发布"（可以设置最近7天内的任意时间段发布页面）。发布成功后，用"手机淘宝"App扫码查看完整效果。

（8）备份装修效果。步骤如下：

①单击"店铺首页"右上角的"备份"按钮。

②在弹出的"页面备份"窗口中填写"备份名称"（10个汉字以内），单击"确定"按钮，完成装修效果的备份。最多可以手动备份22个装修效果，不含系统自动备份。

③单击页面左侧"备份"图标，进入备份列表界面（包含以往写了名称的手动备份和系统自动备份）；单击"删除"按钮，可将不需要的备份删除；单击"恢复该备份"按钮，可以将首页的装修效果恢复至往期某个时间的备份状态。

7.1.3　无线端详情页装修

1. 无线端详情页与 PC 端的不同

无线端特点
及与 PC 端
的区别

不同平台、不同类型的网店对无线端详情页的尺寸要求不同。以现阶段淘宝平台为例，无线端详情页的宽度要求为 480 px~1 500 px，建议使用 790 px 的宽度，该尺寸既能保证图片的清晰度，又能保证图片的大小也较为适中。

与 PC 端详情页相比，无线端详情页具有以下特点：屏幕的像素密度高、文案简单直接、阅读顺序由上至下。

2. 无线端详情页的装修方式

可以选择两种方式制作无线端详情页，一种是使用文本编辑，另一种是使用旺铺详情编辑器，建议大家选择后者。

无线端详情
页视觉设计
要点与组成
元素

（1）使用文本编辑。

使用文本编辑时，有两种方法：第一种，导入电脑端描述。使用此方法时，电脑端描述尽量不用 HTML 代码排版，否则导入后其排版失效，因为当前手机端描述不支持代码。第二种，将鼠标光标移至编辑框底部，分别单击"摘要""图片""文字"按钮，手动添加，如图 7-2 所示。

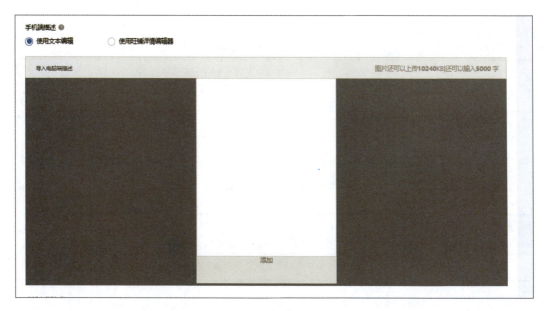

图 7-2　使用文本编辑

描述中添加的所有图片品质大小不超过 10 240 KB（10 MB）、不超过 5 000 字；单张图品质大小不超过 3 MB，宽度在 480 px~1 242 px 之间（推荐 750 px 以上最佳），高度小于或等于 1 920 px。

（2）使用旺铺详情编辑器。

使用旺铺详情编辑器有三个核心步骤（如图7-3所示）：第一步，选择模板；第二步，添加 / 编辑模块内容；第三步，保存，完成编辑。

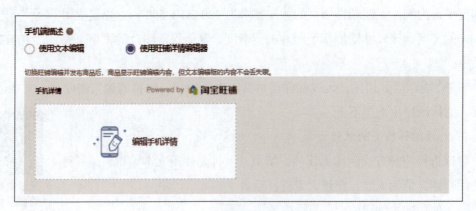

图 7-3　使用旺铺编辑器编辑

任务实施

请根据任务描述中的工作内容，将任务实施过程中的关键讨论点及执行点进行记录（表 7-1、表 7-2）。

表 7-1　任务讨论记录

任务讨论	讨论记录

表 7-2　任务执行记录

任务执行	执行记录

任务评价（表7-3）

表7-3　无线端店铺装修任务评价

评价任务	评价标准	评价结果	
		完成	未完成
无线端店铺装修	能够完成店铺无线端原生内容的生产		
	能够清晰地布局无线端店铺首页装修的模块		
	能够合理规划无线端店铺首页装修的具体内容		
	能够完成无线端店铺首页装修		
	能够合理选择无线端店铺详情页的组成元素		
	能够完成无线端店铺详情页装修		

📑 **思政园地**

保护用户隐私安全

2021年10月《一年一度喜剧大赛》中，有这么一个小品：主人公去体检，需要通过刷脸的方式验证身份；刷脸后，护士不但立刻给出身高、体重等个人信息，甚至还报出了他的银行卡密码。面对质疑，护士的回答是：大数据时代，没有秘密。接着，主人公想要正式开始体检，但必须看完长达360 s的广告；如果想跳过广告，则需要购买会员。不过，就算是购买了会员，也要忍受突然出现的弹窗广告。点击关闭的鼠标稍微偏了一点，就能"炸"出一片新广告，密密麻麻地铺满屏幕。然后，在主人公花钱、花时间解决了这一大堆问题后，终于进入了正式体检环节——抽血。不过扎着扎着，医生却停了，并表示需要下载App才能体验全部服务。可下好了App后，医生又开始用0.000 2毫升／秒的速度抽血，总共要2小时38分钟46秒才能抽完血。此时，虽然主人公的脸已经气到模糊了，可还是忍痛购买了加速包，瞬间完成了抽血。

相比其他行业，电商与实体经济结合得更加紧密，它开辟了互联网与实体经济融合发展的先河。电子商务的存在，最初是为了让大家的生活更加便利。但是，从某种程度上来说，目前有些部分不仅没有增加便利，反而带来了更多不便。那为什么会出现这种现象呢？我们知道，很多互联网公司、电商平台利用广告变现，尽可能多地收集用户数据，以推送更精准的内容，吸引更多用户；流量越多，能得到的广告收入也越多。这也解释了为何会屡屡出现App过度索取用户信息权限的问题，行业内为何出现了诸如"没有秘密""超前点播""付费广告"等一系列迷惑行为。小品以喜剧的形式为大家展示了日常生活中的一个小片段，这样一个反面案例值得我们深思：一方面，这里的信息泄露警示大家，作为大数据时代的用户，我们应该不断加强网络安全意识，注重个人隐私和信息安全。事实上，网络安全不仅仅关乎我们每一位公民，甚至上升到国家安全战略。我们在利用互联网创新实践的过程中，不仅要贯彻落实创新、协调、绿色、开放、共享的发展理念，而且要增强风险意识和危机意识。另一方面，无论是大量的显性和隐性广告，还是基于付费的有限满意，事实上都是在告诉我们一个新问题，那就是"用户不满意"了。所以，在互联网产品开发和电商实践过程中，我们也应该利用反向思维去辩证地思考互联网精神背后的本质。

知识与技能训练

同步测试

一、单项选择题

（1）无线端详情页与 PC 端详情页的不同主要体现在（　　）方面。

A. 屏幕的像素密度高 　　　　　　 B. 文案简单直接

C. 阅读顺序由上至下 　　　　　　 D. 以上都是

（2）无线端店铺装修中，店铺首页的宽度通常为（　　）。

A. 宽度 950 px 　　　　　　　　 B. 宽度 1 200 px

C. 宽度 750 px 　　　　　　　　 D. 宽度 1 920 px

二、多项选择题

（1）针对手机屏、手机用户单独作图时，无线端原生内容的特点包括（　　）。

A. 竖屏构图 　　　　　　　　　　 B. 大图大字

C. 少放内容 　　　　　　　　　　 D. 浅显易懂

（2）无线端店铺的首页设计与 PC 端存在许多不同，主要体现在（　　）方面的不同。

A. 设计尺寸 　　　　　　　　　　 B. 页面布局

C. 构成模块 　　　　　　　　　　 D. 信息内容

三、判断题

（1）无线端是指用户通过智能手机、平板电脑等移动设备进行访问的方式，淘宝无线端就是相对于 PC 端而言的移动设备上的淘宝。　　　　　　　　　　　　　（　　）

（2）店铺装修时建议先发布商品，再装修店铺。　　　　　　　　　　　　（　　）

（3）无线端详情页的制作可以选择两种方式制作无线端宝贝详情，一种是使用文本编辑，另一种是使用旺铺详情编辑器。　　　　　　　　　　　　　　　　　（　　）

综合实训

一、实训目的

通过综合实训学习，学生能够利用所学知识完成店铺的无线端首页装修。

二、实训要求

根据网店装修技巧，完成移动端店铺的初步装修。

三、实训内容

任务操作 1：进入手机端旺铺装修后台，单击"店铺"→"店铺装修"→"手机店铺装修"选项，进入装修页面。

任务操作 2：进入店铺装修页面后，可以从页面左侧官方模块中选择需要的装修模板。将"轮播图海报"拖动至装修区域，如图 7-4 所示，并输入模块名称。

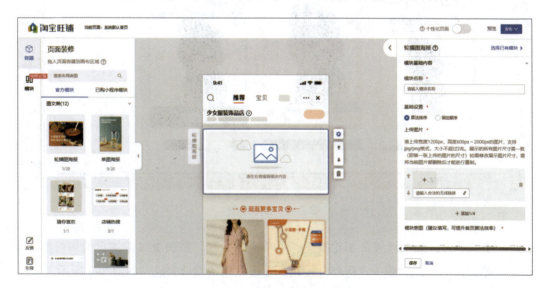

图 7-4　添加轮播图海报模块

任务操作 3：单击"上传图片"中的符号"+"添加图片，或直接单击"上传图片"按钮选择"图片空间"中提前上传好的轮播图，也可单击"智能作图"按钮，利用平台模板作图，选择好模板后单击"保存"按钮，如图 7-5、图 7-6 所示。

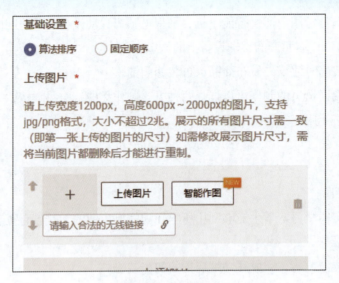

图 7-5 上传图片

图 7-6 智能作图

　　任务操作 4：如需继续添加轮播图，可单击"添加"按钮继续添加，最多可添加 4 张轮播图，添加完成后单击"保存"按钮，轮播图模块设计完成，如图 7-7 所示。

　　任务操作 5：为店铺添加领取优惠券区域。将"店铺优惠券"模块拖动至装修区域，并填写"模块名称"及"设置优惠券数量"，如图 7-8 所示。

　　任务操作 6：单击"请选择优惠券"后的按钮，并选择创建好的优惠券，单击"确定"按钮，如图 7-9 所示，最后单击"保存"按钮。

图 7-7　轮播图设置

图 7-8　添加店铺优惠券

图 7-9　设置优惠券

任务操作 7：添加宝贝陈列部分。在优惠券下方拖入"排行榜"模块，并填写"模块名称"，如图 7-10 所示。"排行榜"模块的宝贝由系统根据算法自动展现，无须编辑。

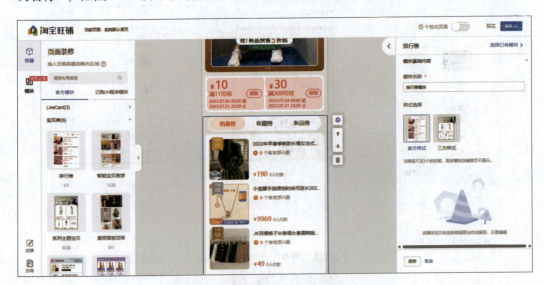

图 7-10　排行榜

任务操作 8：为店铺添加"猜你喜欢"部分，"猜你喜欢"会根据系统算法自动展现商品，如图 7-11 所示。

图 7-11　"猜你喜欢"部分

任务操作 9：手机店铺装修环节中，最重要的是确定店铺首页中间主体部分从上到下添加哪些内容，先选好内容的承载模块，再按模块尺寸作图。装修时可按照每个店铺的特点及需要选取不同的装修模块。装修完成后，单击"预览"按钮，并扫码完成预览。效果预览如图 7-12 所示。

图 7-12　效果预览

参 考 文 献

［1］稿定设计（码工助手），http://www.001daima.com/.

［2］90 设计，https://90sheji.com/.

［3］青年帮设计导航，https://www.qingnian8.com/.

［4］淘宝开放平台，https://open.taobao.com/doc.htm?docId=102541&docType=1.

［5］刘晓辉.网店装修实务［M］.北京：电子工业出版社，2010.

［6］张文彬.网店装修［M］.2 版.重庆：重庆大学出版社，2022.

［7］孟宪宁.HTML+CSS+JavaScript 网页设计教程［M］.西安：西安电子科技大学出版社，2020.